Facility Management

Grundlagen

Aufgaben des operativen und strategischen FM. Von der Infrastruktur über die Lebenszyklusbetrachtung bis hin zu Trends und Herausforderungen.

Florian Greigartner

Inhaltsverzeichnis

1. Die Geschichte des Facility-Managements

Die Pflege und Instandhaltung von Gebäuden sind so alt wie die Geschichte von Bauwerken selbst. Ob die Akropolis oder die Pyramiden, die Patrizierhäuser in Rom oder die Burgen des Mittelalters: Alle hatten Personal, das mit der Instandhaltung und dem Betrieb beauftragt war. Allerdings waren diese Tätigkeiten wenig organisiert und meistens wurde man nur tätig, wenn es ein Problem gab. Eine Ausbildung oder Facility-Management als Dienstleistung gab es nicht. Das änderte sich in den 50er Jahren, als die USA den Koreakrieg führte und langsam an die Grenzen der Kapazitäten bei Flugfeldern kam. Die Firma Pan-American-World-Services (PAWS), welches Teil von Pan America World Airways (Pan Am) war, bot ihre Dienste an. Der Vorschlag bestand darin, das Flugfeld zu betreiben und für die Instandhaltung zu sorgen. Das Flugfeld ist heute noch aktiv und als Eastern Space and Missile Center at Cape Canaveral Air Force Station in Cape Canaveral, Florida bekannt. Diese Initiative war die erste bekannte Vergabe von Facility-Dienstleistungen.[1]

---

[1] Goldstein, J. D.; Köllgen, R. (1998): Die Entwicklung des Facility-Management-Marktes. In Lochmann, HD.; Köllgein, R. (eds): Facility Management, Gabler Verlag, S. 44

In den späten 70er Jahren versuchte der amerikanische Möbelhersteller Hermann Miller, seine Produktion zu optimieren. Die Kosten waren gestiegen, und er wollte neue Methoden zur Steigerung der Produktivität finden. Miller sah seine Büromöbel als ein Teil dieses Vorhabens an. Er organisierte 1978 eine Konferenz, um mit Geschäftspartnern und Kunden darüber zu diskutieren, wie Facilities und Produktivität zusammenhängen. Der Name der Konferenz war „Facilities impact on productivity", und ein Jahr später wurde das „Facility-Management Institute" in Ann Arbour, Michigan, USA gegründet. Damals lag der Schwerpunkt noch auf der Ausstattung und Einrichtung und welche Optimierungen, zum Beispiel in Produktionslinien oder in der Buchhaltung, damit möglich waren. Bald erweiterte man aber die Aufgaben auf alle Leistungen, die nicht mit dem Kerngeschäft zu tun hatten. Diese Definition wird heute noch für das Facility-Management verwendet.

1980 wurde die National Facility-Management Association gegründet, welche bereits
im Jahr 1982 in International Facility-Management Association (IFMA) umbenannt wurde. Sie hatte auch regionale Ableger, wie die IFMA Deutschland, die aber 2006 aufgelöst wurde.

In Europa hat Facility-Management etwa in den 80er Jahren Fuß gefasst. Zu Beginn ging es eigentlich nur darum, Dienstleistungen rund um die Gebäudeverwaltung und den Betrieb zu beschreiben. Damals begannen die ersten Firmen, das Gebäudemanagement auszulagern und an eigene Tochterfirmen oder Dritte zu geben. Das schuf mehr

Freiraum für das Unternehmen, man konnte sich mehr auf das Kerngeschäft konzentrieren.

Neben der IFMA gründete sich die GEFMA, was für German Facility-Management Association steht. Sie wollte den Beruf des Facility-Managers neu definieren und die Dienstleistung des FM bekannter machen. Auch in Österreich wurde eine entsprechende Organisation, die FMA, gegründet.

Hatte man in den USA mit Facility-Management zunächst versucht, die Ausstattung und Produktivität zu optimieren, sahen viele Unternehmen in Europa das FM als Möglichkeit, um Kosten zu sparen. Noch 1996 beschrieb die GEFMA das FM als „Betrachtung, Analyse und Optimierung aller kostenrelevanten Vorgänge rund um ein Gebäude […], die nicht zum Kerngeschäft gehören."[2] Das hat sich grundlegend verändert. Der Facility-Manager ist heute eine Führungsperson, das FM als Dienstleistung ein komplexes und hoch spezialisiertes Serviceangebot. Mit dem Bild des Hausmeisters im grauen Kittel und Cordhut hat das nichts mehr zu tun. Heute setzt die Branche in Deutschland über 134 Milliarden Euro um und ist damit eine der sechs wichtigsten Industrien in der Bundesrepublik. Der Anteil am Bruttosozialprodukt wird auf 4,5 Prozent geschätzt, insgesamt arbeiten mehr als 4,6 Millionen Frauen und Männer im Facility-Management.[3]

---

[2] GEFMA (1996): Definition – Richtlinie 100, S. 5

[3] GEFMA: Der Verband stellt sich vor. Präsentation über den Deutschen Verband für Facility Manager e. V. zu finden auf GEFMA: GEFMA – Gewachsene Verlässlichkeit mit Zukunftsstrategie. URL: https://www.gefma.de/derverband/ [Stand: 03-01-2021]

2. Definition von Facility-Management

Facility-Management wird heute zum einen in einer Norm definiert, zum anderen hat sich eine sprachliche Definition kristallisiert, die sehr anschaulich beschreibt, was das FM ausmacht. Es wird als ganzheitlicher, strategischer und lebenszyklusbezogener Managementansatz verstanden. Im Mittelpunkt stehen dabei die einzelnen Facilities, die damit verbundenen Systeme und Prozesse sowie die strategischen Überlegungen. Die Aufgabe des FM ist dabei, diese Prozesse ständig zu überwachen, die Funktion aufrechtzuerhalten und an die wechselnden Vorgaben anzupassen.

Eine Definition der GEFMA ist, dass Facility-Management eine Managementdisziplin ist. Seine Aufgabe besteht darin, „[...] im Rahmen geplanter, gesteuerter und beherrschter Facility Prozesse eine Befriedigung der Grundbedürfnisse von Menschen am Arbeitsplatz, Unterstützung der Unternehmens-Kernprozesse und Erhöhung der Kapitalrentabilität zu bewirken."[4]

Das Facility-Management ist für alles innerhalb eines Gebäudes zuständig, was nicht zum Kerngeschäft gehört.

---

[4] GEFMA (1996): Definition – Richtlinie 100-1, S. 3

4

Heute umfasst das Facility-Management eine große Bandbreite an Leistungen:

- Betrieb von Anlagen

- Instandhaltung

- Wartung

- Reinigung

- Anlagensicherheit

- Energiemanagement

- Prozesssteuerung

- Betriebswirtschaftliche Aspekte

- Strategisches Facility-Management

- Kostenmanagement

In einer Kampagne für den Beruf der/des Facility-Managerin/-s hat die German Facility-Management Association (GEFMA) das Facility-Management als Bereich beschrieben, der nicht nur operativ tätig ist, sondern Unternehmensziele die Gebäude betreffend umsetzt:
„Um diese Ziele zu erreichen, ist modernes Facility-Management eine strategisch ausgerichtete, integrierte Disziplin. Wo früher technische, infrastrukturelle und kaufmännische Dienstleistungen oftmals getrennt betrachtet wurden, schaffen heute integrierte Services, die System-Dienstleistungen, spürbare Synergien und vereinfachen

die Prozesse für Mieter und Besucher, Eigentümer und Investoren. Immer öfter decken die Konzepte die gesamte Wertschöpfungskette ab, die Dienstleister übernehmen die betriebswirtschaftlichen und rechtlichen Risiken für ihre Auftraggeber und z. B. auch die Personalverantwortung".[5]

2.1 Real Estate Facility-Management

Es gibt noch immer unterschiedliche Begriffe im Umfeld des Facility-Managements, die bisweilen für Verwirrung sorgen. So kommt aus dem amerikanischen Umfeld das Property Management hinzu, ebenso auch das Real Estate Asset Management. Beide Bereiche sind aber eher Spezialbereiche des FM und beschreiben einen eher operativen oder einen eher kaufmännischen Ansatz. Ähnlich verhält es sich mit dem deutschen Begriff der Gebäudeverwaltung. Dieser geht nicht weit genug und vernachlässigt die strategischen und kaufmännischen Aspekte. Ein Grund für die unterschiedlichen Bedeutungen liegt darin, dass bei der Übersetzung von Management in Verwaltung ein Teil der Führungsaufgaben verloren geht, die im Management stecken. Ein Top-Manager eines Unternehmens ist eben eine Führungskraft, nicht dessen Finanzverwalter.

---

[5] Die Möglichmacher: FM zahlt sich aus – heute und morgen. URL: https://fm-die-moeglichmacher.de/facilitymanagement/ [Stand: 18-12-2020]

Experten wie David Kincaid sehen FM als Support-Rolle oder Service, als ein Teil des Nichtkerngeschäfts einer Organisation. Die Hauptaufgabe des FM ist, Angebote zu machen, um die internen Bedürfnisse der Organisation zu befriedigen.[6] Im IFMA Modell ist das FM an einen Ort gebunden, allerdings versehen mit dem Auftrag, die Menschen und Prozesse, die mit diesem Ort verbunden sind, zu unterstützen.[7] Der Kincaid-Ansatz wird auch in diesem Schaubild deutlich:

wichtig oder strategisch

Kritikalität

Taktisch	Strategisch
▪ Akquisitionen ▪ Sicherheit	▪ Design ▪ Planung
Operational ▪ Reinigung ▪ Wartung	**Taktisch** ▪ Catering ▪ Sekretariat

Routine

einfach   anspruchsvoll

Komplexität

Abbildung 1: Aufgabenmatrix des FM nach Kincaid[8]

---

[6] Kincaid, D. (1994): Integrated Facility-Management. In: Facilities, Vol. 12 (8), S. 20-23

[7] Patanapiradej, W. (2006): The Scope of Facility Management. In: Nakhara – Journal of Enviromental Design and Plannung, Vol. 1, S. 75-90

[8] Eigene Darstellung in Anlehnung an Kincaid, D. (1994)

Kincaid formulierte 1996 drei Leitsätze für das Facility-Management:

1. Das Facility-Management übernimmt eine Support-Rolle innerhalb einer Organisation oder bietet der Organisation einen Support-Service.

2. FM muss strategisch, taktisch und operativ mit anderen Unterstützungsaktivitäten und Hauptaktivitäten verknüpft sein, um Wert zu schaffen.

3. Die Manager müssen über ausreichende Kenntnisse in Bezug auf Einrichtungen und Management verfügen.

Neben den umgangssprachlichen Verwendungen ist das Facility-Management in Normen festgeschrieben. Dabei haben zwei Normen eine große Rolle gespielt.

2.2 ISO 41001

Die ISO 41001 (Facility-Management - Managementsysteme) wurde im April 2018 veröffentlicht, um Facility-Management-Teams möglichst effizient arbeiten zu lassen. Der internationale Standard stützt sich auf bewährte Verfahren und bildet einen Maßstab für die Entwicklung und Förderung eines effektiven strategischen, taktischen und operativen Facility-Management-Systems. Firmen, die das Facility-Management auslagern, hilft es bei der Auswahl von Anbietern, die die Einhaltung des Standards nachweisen können. Die Norm spezifiziert die Anforderungen an einen FM-Dienstleister. In der Norm wird Facility-Management als „organisatorische Funktion bezeichnet, die Personen, Ort und Prozess (3.5.1) innerhalb der bebauten Umgebung zu dem Zweck integriert, die Qualität des Lebens von Personen und die Produktivität des Kerngeschäfts zu verbessern."[9]

2.3 DIN EN 15221

Lange Zeit wurde diese Norm verwendet, die eine europäische Norm war und von der internationalen ISO 41001 abgelöst wurde. Sie war im Wesentlichen ein Leitfaden zur Ausarbeitung von Facility-Management-Vereinbarungen sowie für Qualität in der Gebäudeverwaltung.

Heute wird für das Facility-Management eine ganzheitliche Betrachtung gewählt. Diese beginnt bei der Gebäudeplanung. Hier werden bereits Facility-Manager zurate gezogen, um die spätere Bewirtschaftung und den Betrieb zu berücksichtigen. Sie sind bei der Planung eine Hilfe für Architekten und Bauherren, sind bei der Bauüberwachung dabei und spielen bei der Abnahme eines neuen Gebäudes eine große Rolle.

---

[9] Beuth (2019): DIN EN ISO 41011 – 2019-04, S. 8

Bei bestehenden Gebäuden haben Facility-Manager drei wichtige Aufgabenbereiche:

- Das technische Gebäudemanagement mit dem Anlagenbetrieb, der Instandhaltung und Erweiterung von Anlagen.

- Das Management der Infrastruktur, zu dem Reinigung und Catering gehören.

- Das kaufmännische Management, also die Kostenüberwachung, Budgetplanung und das Controlling.

2.4 Facility-Management als Geschäftsmodell

Sowohl im Unternehmen selbst als auch was Drittanbieter angeht, ist Facility-Management ein Geschäftsmodell. Viele große Firmen haben ihr FM in eigene GmbHs ausgelagert, um sie als selbstständige Einheit profitabel zu machen. Das wiederum hat, wie auch bei Drittanbietern, einen Einfluss auf die Ausrichtung. Über den drei Bereichen steht dann noch die unternehmerische Bedeutung.

Das bedeutet, dass das Facility-Management

- ein Dienstleistungsportfolio erstellen muss

- Produkte entwickelt

- sich am Kunden ausrichtet (und das eigene Unternehmen als Kunden versteht)

- expansionsfähig sein muss.

Bekannte Unternehmen im Facility-Management

Heute ist das Facility-Management ein Millionengeschäft im Dienstleistungssektor geworden. Viele Großunternehmen haben nicht nur den Bereich des FM ausgelagert, sondern bieten diese Dienstleistung auch auf dem freien Markt an. So hat die Deutsche Bahn die DB Services GmbH gegründet.

Aus der ehemaligen Hoechst AG wurde der Industriepark Höchst, der von der Firma Infraserv verwaltet wird. Infraserv hat aber auch Kunden außerhalb des Industrieparks, zum Beispiel die Firma Merck in Darmstadt.

Die Firma Gegenbauer ist eine der selbstständigen Anbieter von Dienstleistungen im Bereich des Facility-Managements mit 17.000 Mitarbeiterinnen und Mitarbeitern in Deutschland und einem Umsatz von über 600 Millionen Euro im Jahr.

Im Bereich der Gebäudereinigung hat sich Piepenbrock einen Namen gemacht: mit 26.000 Angestellten und über 500 Millionen Euro Umsatz.

Die Sasse AG hatte ihren Ursprung als Dienstleister im infrastrukturellen Facility-Management, ist aber heute ein Full-Service-Provider mit einer ausgeprägten strategischen Ausrichtung. Die Schwerpunkte sind infrastrukturelles Facility-Management, technisches Facility-Management und kaufmännisches Facility-Management.

Apleona gilt heute als einer der Top-Anbieter für Real Estate und Facility-Management und erbringt zudem zahlreiche produktionsunterstützende Dienstleistungen in der Wertschöpfungskette seiner Kunden. Zu diesen gehören Großkonzerne wie IBM und ABB.

3. Aufgaben des FM

Die IFMA ist die größte internationale Organisation im Facility-Management und entsprechend bemüht, das Berufs- und Geschäftsfeld zu definieren. Aus Sicht der IFMA[10] beschäftigt sich das Facility-Management mit folgenden Kompetenzbereichen:

- Betrieb und Instandhaltung
- Immobilien und Liegenschaften
- Mitarbeiter- und Umweltfaktoren
- Planung und Projektmanagement
- Facility Function
- Finanzierung
- Qualitätsbewertung und Innovation
- Kommunikation
- Technik

Gleichzeitig kann das FM auch zur Geschäftsstrategie und zum Geschäftsergebnis eines Unternehmens beitragen.

---

[10] IFMA (2021): What is Facility Management.URL: https://www.ifma.org/about/what-is-facility-management [Stand: 05-01-2020]

Dazu gehören:

- Auswirkungen auf die betriebliche Effizienz

- Unterstützung der Produktivität von Einrichtungen und Personal

- Management von Risiken für Einrichtungen und Personal

- Minderung der Umweltbelastung

- Förderung nachhaltiger Taktiken für ein langfristiges Kostenmanagement

- Nutzung neuer technologischer Lösungen

Die amerikanische Management Association hat ebenfalls Richtlinien für Facility-Manager herausgegeben. Sie sehen Facility-Management als einen wichtigen Geschäftsbereich. Facility-Management (FM) ist damit eine wesentliche Geschäftsfunktion. Der Facility-Manager ist ein Business Manager und sollte auf die gleiche Ebene gestellt werden wie die Manager für Personal und Informationstechnologie.

Sie haben die Aufgaben in 12 Punkten zusammenge-fasst:[11]

1. Führe eine Bewertung sowohl der physischen Einrichtungen als auch des Betriebs durch und aktualisiere diese regelmäßig.

2. Messen! Messen! Messen!

3. Entwickle einen Masterplan für Einrichtungen, aus dem sich alle anderen Jahres- und Quartalspläne ableiten lassen. Füge im Rahmen des Masterplans einen Rekapitalisierungsplan hinzu, und zwar für mindestens zehn Jahre.

4. Strukturiere die Organisation richtig. Verwechsle nicht Personal mit Organisation.

5. Erkenne an, dass Personal bis auf einige Sonderfälle eine Mischung aus Mitarbeitern, Auftragnehmern und Beratern ist.

6. Richte ein kundenbasiertes Qualitätsprogramm ein, das mehrere Kanäle verwendet, um Input zu erhalten.

---

[11] Roper, K.; Payant, R. (2014): The Nature of Facility Management. In: The Facility Management Handbook, 4. Aufl., New York; Atlanta; Brussels; Chicago; Mexico City; San Francisco; Shanghai; Tokyo; Toronto; Washington, D.C.: AMACOM Division of American Management Association International, S. 3-28

7. Bestimme, welche Informationen Du zum Verwalten benötigst und versuche die Informationsgewinnung und -verwaltung zu automatisieren. Achte dabei aufs Budget.

8. Versuche, Facilities als Geschäftseinheiten zu betrachten und auch so im Unternehmen zu verkaufen. Bleibe beharrlich, wenn das zunächst auf Ablehnung stößt.

9. Ergebnisse vorzeigen! Unternehmen zahlen nicht für gute Absichten und Pläne - nur für Ergebnisse. Betrachte Deine Abteilung als Unternehmen im Unternehmen.

10. Versuche, bei Verträgen mit Lieferanten und Drittanbietern smart zu sein, verwende moderne Technologie und versuche die Kosten zu senken. Lege Wert auf eine gute Geschäftsbeziehung, denke aber daran, dass sie Dir Vorteile bringen muss.

11. Erstelle einen Kommunikationsplan, mit dem Du jährlich alle Stakeholder über Deine Tätigkeiten informierst.

12. Versuche das Top-Management von deiner FM-Idee zu überzeugen. Der Aufwand lohnt sich.

3.1 Technische Aufgaben des Facility-Managements

Der im operativen Verständnis wohl größte Aufgabenbereich des FM sind die technischen Aufgaben. Hierzu gehören der Betrieb der Anlagen, die Wartung und Instandhaltung sowie erfolgreiche Bewirtschaftung von Gebäuden und Anlagen. Dieser Bereich wird oft mit dem Gebäudemanagement gleichgesetzt.

Als Facility-Manager musst Du, wenn es um die technischen Aufgaben geht, einen entsprechenden technischen Hintergrund haben. Viele FM im Gebäudemanagement sind zum Beispiel Mechatroniker, die sich noch weitergebildet haben. Je nach Gebäude- und Anlagengröße wirst Du als FM im technischen Bereich selbst Hand anlegen, wenn es zu Problemen kommt, oder in der Lage sein müssen, Mitarbeitern oder Drittfirmen bei der Lösung von Problemen Anweisungen zu geben. Klassische Aufgaben im technischen Bereich sind die Strom- und Wasserversorgung eines Gebäudes, die regelmäßige Wartung des Gebäudes und der darin befindlichen Anlagen und deren Instandhaltung.

3.2 Infrastruktur als Teil des FM

In den infrastrukturellen Bereich fallen Aufgaben wie Reinigungsdienstleistungen, Hausmeister- und Winterdienste, die Abfallwirtschaft sowie Umzugsplanung und Catering. In Firmen, die ein eigenes Fitnessstudio oder einen Betriebskindergarten haben, gehören diese Einrichtungen ebenfalls zum FM, zumindest was den technischen Betrieb angeht.

Die Aufgaben des infrastrukturellen Gebäudemanagements sind in der DIN 32736 festgelegt und umfassen:[12]

- „Verpflegungsdienste

- DV-Dienstleistungen

- Gärtnerdienste

- Hausmeisterdienste

- Interne Postdienste

- Kopier- und Druckerdienste

- Parkraumbetreiberdienste

- Reinigungs- und Pflegedienste

- Sicherheitsdienste

---

[12] Deutsches Institut für Normung (2000): DIN 32726 | 2000-08 – Gebäudemanagement – Begriffe und Leistungen (3.2), S. 4 ff

- Umzugsdienste

- Waren- und Logistikdienste

- Winterdienste

- Zentrale Telekommunikationsdienste

- Entsorgen

- Versorgen"

Als Teil der Infrastruktur spielt die Ausstattung von Büros eine große Rolle. Das FM unterstützt bei der Planung neuer Büroeinheiten und bei der Umwandlung von Büros, zum Beispiel vom Großraumbüro zu Büros mit flexiblen Schreibtisch-Nutzungen und organisiert den Umzug.

> **Beispiel:**
> Mit dem Aufkommen von Home-Office Lösungen denken viele Firmen darüber nach, ob und wie sie Büroraum einsparen können. Denn, wenn die Hälfte der Belegschaft im Home-Office sitzt, sind viele Schreibtische und damit Flächen ungenutzt. Gleichzeitig muss organisiert werden, dass Mitarbeiter in einem Rotationssystem einige Tage in der Woche im Büro arbeiten können und einige Tage zu Hause. Hier muss das Facility-Management dabei helfen, Belegungspläne für Arbeitsplätze zu erstellen. Die chinesische Firma Ctrip, das größte Reiseunternehmen des Landes, hatte sich zum Beispiel die Hilfe eines Stanford-Professors geholt, um Optimierungen in der Büroverwaltung durch Home-Office-Lösungen zu bekommen. Nicholas Bloom machte daraus ein Experiment, das große

Auswirkungen auf die Planung von Office-Space hat. Es scheint, als ob 3-4 Tage physische Anwesenheit von den meisten Mitarbeitern gewünscht werden, die Produktivität des Home-Office aber auch bei 2-3 Office Tagen ansteigt. Insgesamt konnte aber eine Produktivitätssteigerung von 13 % und eine Verringerungsrate bei Kündigungen von 50 Prozent beobachtet werden.[13] Das Facility-Management hat somit mit der Ausstattung von Home-Offices eine weitere, wichtige Aufgabe bekommen, die über die Bereitstellung von IT-Leistungen hinausgeht.

3.3 Kaufmännisches Facility-Management

Die Betriebskosten von Gebäude und Anlagen können über den Erfolg und Misserfolg von Unternehmen entscheiden, und werden dennoch immer wieder in der Planung vernachlässigt. Im modernen Facility-Management gehören die Betrachtung, Analyse und Optimierung aller kostenrelevanten Vorgänge rund um Gebäude und Anlagen zur Jobbeschreibung dazu.

Wie wichtig die Betriebskosten von Gebäuden sind und wie diese Kosten ein Weckruf sein können, mussten die

---

[13] Lynch, S. (2017): Why Working from Home Is a "Future-Looking Technology" – A Stanford GSB expert shows how companies and employees benefit from workplace flexibility. URL: https://www.gsb.stanford.edu/insights/why-working-home-future-looking-technology [Stand: 15-12-2020]

Planer des neuen BER-Flughafens erfahren. Ohne überhaupt geöffnet worden zu sein, verschlang der Flughafen monatlich über 14 Millionen Euro.[14]

Selbst in der Betriebswirtschaftslehre werden die Kosten für den Betrieb von Gebäuden oftmals als Nebenkosten abgetan. Dabei können die Ausgaben in diesem Bereich schnell wachsen, wenn es keine Überwachung gibt. Je enger das Facility-Management mit der Buchhaltung und dem Controlling zusammenarbeitet, umso besser kann in diesem Bereich geplant werden. So wissen FM-Verantwortliche meistens besser Bescheid über Preisentwicklungen und neue Vorgaben. Als Beispiel sei nur genannt, wie Hygienevorschriften während der Corona-Pandemie nicht nur ein Umdenken erforderten, sondern eine Herausforderung im Kostenbereich waren: Es mussten zum Beispiel Handreinigungsmittel gekauft werden, der Aufwand für die Reinigung wurde höher. Je enger bei solchen Maßnahmen mit dem FM zusammengearbeitet wird, umso besser können die dabei entstehenden Kosten eingeschätzt werden.

Beim kaufmännischen Facility-Management geht es nicht nur um die Kosten, sondern um alle betriebswirtschaftlichen Aspekte, die mit Einnahmen und Ausgaben zusam-

---

[14] Berliner Morgenpost (2014): BER kostet pro Monat 17 Millionen Euro an Betriebskosten. URL: https://www.morgenpost.de/printarchiv/brandenburg/article124363656/BER-kostet-pro-Monat-17-Millionen-Euro-an-Betriebskosten.html

menhängen. In großen Gebäudekomplexen und Industrieparks ist dieser Bereich zu großen Abteilungen herangewachsen. Selbst wenn es eine zentrale Buchhaltung in Deinem Unternehmen gibt, gehört die Kostenüberwachung zu den Kompetenzen des FM.

Vergabe- und Beschaffungsmanagement

Selbst das beste Facility-Management wird nicht alle Aufgabe alleine erledigen können. Viele Tätigkeiten werden extern vergeben, wie die Reinigung, der Sicherheitsdienst oder die Überprüfungen der Brandsicherheit. Es wird Verträge mit Zulieferern geben, die Toilettenpapier, Putzmittel oder Büromaterial anliefern. Das kaufmännische FM verhandelt mit den Dienstleistern, erstellt Ausschreibungen wo es notwendig ist und bewertet die eingehenden Bewerbungen. Als Facility-Manager wirst Du immer auf der Suche nach neuen Zulieferern sein und die Arbeit der vorhandenen Dienstleister überprüfen. Du bist außerdem in das unternehmensweite kaufmännische Management eingebunden und kannst Vorschläge zur Effizienz durch neue Dienstleister und Geschäftspartner machen.

Personalmanagement

Zum Personalmanagement gehören im kaufmännischen Sinne die Kosten, die mit dem Personal verbunden sind.

In kleineren Unternehmen mag das die Personalverwaltung übernehmen. Wenn Du aber ein FM-Dienstleister bist, wird das Personalmanagement ein wichtiger Faktor sein. Facility-Management ist noch immer ein personalintensiver Bereich, in dem viele gering beschäftigte Frauen und Männer tätig sind. Die Fluktuation ist sehr hoch, außerdem müssen die Angestellten sehr flexibel sein, was die Arbeitszeiten betrifft. So entstehen im Winter naturgemäß Überstunden durch Schneeräumen, im Herbst kann es durch Stürme zu größerer Verschmutzung kommen. Das kaufmännische Personalmanagement muss nicht nur diese Kosten aufstellen. Ebenso bedeutet es für den FM, Vorhersagen zu machen, welche Kosten in den kommenden Berichtszeiträumen auf das Unternehmen zukommen und diese den Gegebenheiten ständig anpassen. Das Personalmanagement ist damit eine strategische Aufgabe des FM.

Wie sich das Personalmanagement FM an neuen strategischen Ausrichtungen beteiligen kann, zeigen die Bemühungen vieler Unternehmen, die Diversität in der Belegschaft zu fördern. In der Gebäudeverwaltung gibt es zwar in den niedrigen Lohngruppen recht viele Frauen und ausländische Arbeitskräfte, nach oben hin dünnt sich das aber schnell aus. Der Facility-Manager kann die Unternehmensziele dadurch umsetzen, dass bei Bewerbungen auf Stellen mit höherer Qualifikation ebenfalls mehr Diversität geschaffen wird. Das ist im Übrigen eine Forderung der Möglichmacher, einer Initiative des Deutschen Verbandes für Facility-Management e.V. Sie sagen, dass Unternehmen, die Diversity & Inklusion in der Unternehmensstrategie verankert haben, sich mit hoher Wahrscheinlichkeit vom Wettbewerb abheben. „Das ist eine der Erkenntnisse aus der im Auftrag des ZIA durchgeführte PwC-Studie, die u. a. von ‚Die Möglichmacher – Facility-Management' / GEFMA gesponsert wurde. Die Ergebnisse der Befragung geben den aktuellen Stand von D&I in der deutschen Immobilienbranche wieder.[15]

Bei den Möglichmachern ist die Förderung von Vielfalt und Chancengleichheit Programm: Unabhängig von geografischer und ethnischer Herkunft, Geschlecht, Religion, körperlicher Beeinträchtigung, Alter oder sexueller Orientierung bieten wir jedem Menschen die gleichen Chancen auf persönliche und berufliche Weiterentwicklung. Gemeinsam setzen wir in unserer Initiative bewusst auf Vielfalt unter unseren mehr als 175.000 Beschäftigten und sehen diese als integralen Bestandteil einer weltoffenen, zukunftsorientierten Personalstrategie."

Bei Gegenbauer, eine der großen deutschen FM-Service-Firmen, ist man sich der Bedeutung von Vielfalt bewusst und fördert diese. Das wird in geschlechtsneutralen Stellenausschreibungen deutlich und in den besetzten Stellen.

---

[15] Die Möglichmacher (2019): PwC-Studie „Diversity & Inclusion" in der deutschen Immobilienbranche, URL: https://fm-die-moeglich-macher.de/artikel/news/pwc-studie-diversity-inclusion-in-der-deut-schen-immobilienbranche/ [Stand: 13-12-2020]

Die Firma ist stolz darauf, eine bunte Belegschaft zu haben: „Vielfalt spielt seit jeher eine große Rolle bei Gegenbauer: die religiöse, ethnische und kulturelle Verschiedenheit – mit Menschen aus über 110 Nationen – aber auch die fachliche Variationsbreite. Die mehr als 18.000 Menschen, die bei uns beschäftigt sind und in bunt gemischten Teams erfolgreich zusammenarbeiten, bringen einen unschätzbaren Erfahrungshintergrund und Wissensschatz in all unsere Projekte ein. Ohne sie wären wir nicht dort, wo wir jetzt sind."[16]

Vertragsmanagement und Contracting/Versicherungen

Jedes Gebäude muss nach Gesetz gegen Feuer und andere Beschädigungen versichert sein. Darüber hinaus wirst Du aber noch viele andere Versicherungen und Verträge abschließen. Das betrifft Haftpflicht- und Unfallversicherungen ebenso wie Verträge mit bestehenden Lieferanten und Geschäftspartnern. Solche Verträge werden auf die Einhaltung überprüft und Du wirst regelmäßig prüfen, ob sie noch den Anforderungen und strategischen Ausrichtungen des Unternehmens genügen.

---

[16] Gegenbauer Holding SE & Co. KG: Ein vielfältiges Team. URL: https://www.karriere-gegenbauer.de/einfuehrung-ein-vielfaeltiges-team/ [Stand: 17-12-2020]

Betriebskostenabrechnung

Selbst bei kleineren Gebäudeeinheiten ist die Betriebskostenabrechnung eine Tätigkeit des Facility-Managements, die nicht unterschätzt werden sollte. Wer FM als Dienstleistung anbietet, muss diese Kosten dem Kunden vorlegen. Innerhalb eines Unternehmens sind Betriebskosten ein Indikator für die Profitabilität der Immobilien und Anlagen. Die Betriebskostenabrechnung ist ebenfalls durch DIN-Vorschriften im Gebäudemanagement geregelt, und zwar in der DIN 18960 „Nutzungskosten im Hochbau". Zu diesen Kosten gehören:

- Grundsteuer

- Heizungskosten

- Warmwasserkosten

- Wasserkosten

- Kosten für den Aufzug

- Straßenreinigung

- Müllabfuhr

- Entwässerung

- Stromkosten / Energie

- Schornsteinreinigung

- Gartenpflege

- Sach- und Haftpflichtversicherung

- Hausmeister

- Gemeinschaftsantenne oder Betriebskabelnetz

- Maschinelle Wascheinrichtung

- Hausreinigung

- Ungezieferbekämpfung

Die Betriebskosten können nur zu einem bestimmten Grad beeinflusst werden. Wenn Du in Deiner monatlichen Abrechnung feststellst, dass bestimmte Kostenarten ansteigen, wirst Du genau hinschauen müssen. Die Kosten für Abwasser können zum Beispiel durch höheren Wasserverbrauch entstehen, durch mehr Regenfälle oder aber eine Erhöhung der Gebühren.

Teil des strategischen kaufmännischen Facility-Managements ist es, diese Kosten zu überwachen, Trends festzustellen und Vorhersagen zu machen. In Deinen Budgets wirst Du die Kosten so realistisch wie möglich angeben müssen. Als FM schaust Du auch über den Tellerrand der Buchhaltung hinaus und informierst Dich über lokale Gebührenentwicklungen, schaust Dir die Entwicklung von Verbrauchskosten an und hast die notwendige Software, die Kostenpläne grafisch ansprechend darzustellen. Die Betriebskosten sind der größte Kostenfaktor im Facility-Management und brauchen deshalb viel Aufmerksamkeit.

Objektbuchhaltung

In der Objektbuchhaltung werden Zahlungen wie Mieten und Pachten, Versicherungen und steuern getätigt. Du wirst hier auch die Abschreibungen auf das Gebäude errechnen und eventuell anpassen. Außerdem musst Du die Daten den Veränderungen anpassen, zum Beispiel, wenn es neue Gebäudeteile gibt, bestimmte Flächen leer stehen und kein Einkommen generieren oder abgerissen oder veräußert werden. Zur Objektbuchhaltung kann das Flächenmanagement hinzugerechnet werden. Dabei geht es um die Nutzung der Fläche und ihre Auslastung unter Kostengesichtspunkten. Im strategischen Facility-Management dient das Flächenmanagement als Datenquelle für geplante Umzüge und Umbauten sowie neue Nutzungen von Flächen und deren Kosten.

Controlling

Das Controlling ist in den meisten Firmen eine eigene Abteilung, die alle kaufmännischen Vorgänge prüft. Das Facility-Management kann mit einem eigenen Controlling ausgestattet werden. Dieses hat die Aufgabe, die Kosten und Einnahmen ständig zu überprüfen und mit den Planungen zu vergleichen. Es ist ein Benchmark der strategischen Planung, denn es zeigt die reale Entwicklung der Aufwendungen.

Einsparpotential

Eine Folge des Controllings kann sein, Einsparpotenziale zu finden. Wer Facility-Management strategisch betrachtet, wird um den ganzheitlichen Ansatz nicht herumkommen. Dieser schließt die Kostenseite mit ein, und Maßnahmen, wie diese gesenkt beziehungsweise Gelder eingespart werden können.

Einsparpotenzial gibt es in allen Bereichen der Gebäudeverwaltung. So können durch eine systematische und durch softwareunterstützte Raumbelegung Flächen optimiert werden. Wer die Mitarbeiter bei der Neu- und Umzugsplanung mit einbezieht und dadurch einen Wettbewerb der Ideen anstößt, wird mit großer Wahrscheinlichkeit auch Vorschläge bekommen, wo Geld bei den Kosten pro Arbeitsplatz gespart werden darf. Man denke nur an Shared Desktop und Rollcontainer.

Da mit dem strategischen Ansatz ein Gesamtbild erzeugt wird, laufen Kostenstellen wie Ersatzteile, Wartungsinstrumente oder Neuanschaffungen an einer Stelle zusammen. Hier kann durch koordinierte Bestellung, ein optimiertes Ausschreibungsverfahren oder die Beauftragung Dritter ebenfalls eine Optimierung stattfinden.

Das kaufmännische Facility-Management bekommt eine höhere Aufmerksamkeit im Kostenbereich, wenn eine klare Strategie vorgegeben ist, zum Beispiel das Outsourcing von Reinigungsdienstleistungen. Das Gleiche gilt für die Wartung von Maschinen und Anlagen. Wenn die strategische Ausrichtung ein kostenbewusstes FM vorsieht, dann können in diesem Bereich ebenfalls Einsparungen vorgenommen werden.

3.4 Operatives Facility-Management

Hauptaufgabe des operativen Facility-Managements ist der ordnungsgemäße Betrieb von Anlagen und Gebäuden. Was früher Aufgabe des Hausmeisters und der Haustechnik war, ist heute eine komplexe Abteilung geworden, die aus internen und externen Arbeitskräften besteht. Die Rolle des Facility-Managers hat sich vom ausführenden Mitarbeiter zum leitenden Mitarbeiter verändert. Der FM muss sicherstellen, dass Anlagen funktionieren, läuft aber nicht mehr durchs Gebäude und kontrollierte die Toilettenspülungen. Selbst in kleineren Firmen sollte das FM eine koordinierende Führungsaufgabe haben und nicht den ganzen Tag mit Instandsetzungen beschäftigt sein. Das operative FM ist eine der Aufgaben des Facility-Managers, die sie oder er koordinieren müssen.

Optimierung von Arbeits- und Kommunikationsabläufen

In jedem Bereich eines Unternehmens können Prozesse und Abläufe optimiert werden, und das Facility-Management ist da keine Ausnahme. Eine Optimierung ist aber nur dann möglich, wenn die Tätigkeiten und Abläufe analysiert werden können. Der FM muss in der Lage sein, die Abläufe im Gebäude schematisch darzustellen, zum Beispiel über eine Software oder Flowcharts. Je detaillierter alle Tätigkeiten analysiert und aufbereitet werden können, umso mehr Ansätze gibt es für die Optimierung.

Ein Beispiel dafür kann der Sicherheitsdienst sein. In der Nacht ist es üblich, dass die Mitarbeiter ihre Runden machen. Sie müssen an bestimmten sicherheitsrelevanten Orten vorbeikommen und dort kurz einchecken. Um das System sicherer zu machen, werden die Zeiten der Routen regelmäßig geändert, eventuell auch der Routenverlauf. Was aber selten beachtet wird, sind Zeitaufwand und zurückgelegte Wege. Wenn Du weißt, wie lange die Sicherheitsmitarbeiter unterwegs sind und welche Wege sie insgesamt zurücklegen, kannst Du schauen, ob es hier Optimierungen gibt. Eine solche kann sein, dass die Mitarbeiter mit Segways oder Elektrorollern ausgestattet werden, um Zeit zu sparen. Ein anderes Beispiel der Optimierung ist das Abtrocknen der Hände nach dem Waschen. Wenn Du Einmalhandtücher verwendest, ist das ein großer Kostenfaktor, wenn pro Trockenvorgang drei bis vier Handtücher aus dem Spender gerissen werden. Mit einer simplen Technik lernen Mitarbeiter, das gleiche Ergebnis –

trockene Hände – mit nur einem Papierhandtuch zu errei-
chen. Diese Ressourcen schonende Methode demonstriert
Joe Smith eindrucksvoll in einer 2012 gehaltenen TED
Talk-Rede.[17]

Umsetzungsstrategie und Arbeitspläne

Management heißt nicht umsonst im Deutschen Verwaltung, und deshalb ist ein Teil des operativen Facility-Managements Verwaltungsarbeit. Auf der Führungsebene
wirst Du zum Beispiel mit der Erstellung von Arbeitsplä-
nen beschäftigt sein. Das kann zu einem bestimmten Teil
vom Computer erledigt werden, mit dem Du die Schicht-
pläne erstellen kannst. Dennoch braucht die Software zunächst einmal Daten, wie zum Beispiel die verschiedenen
Schichtzeiten, und welche Aufgaben wann und von wel-
chem Personal durchgeführt werden sollen. Die Arbeits-
pläne sind außerdem ein sicherheitsrelevantes Element:
Wenn in wichtigen Bereichen jemand ausfällt, muss so-
fort Ersatz besorgt werden. Es wäre nicht das erste Mal,
dass es zu einem Unglück kommt, weil die Notzentrale
gerade nicht besetzt war.

Unter Umsetzungsstrategie wird der Weg verstanden, den
Du gehen willst, um die verschiedenen Maßnahmen umzusetzen. Hier sind neben Deinen Organisationsaufgaben

---

[17] Smith, J. (2012): How to use a paper towel. Vortrag bei der
TEDxConcordiaUPortland. URL:
https://www.ted.com/talks/joe_smith_how_to_use_a_paper_to-
wel?language=de [Stand: 10-01-2021]

die Führungsqualitäten gefragt. Denn gerade Veränderungen sind nicht immer einfach umzusetzen, manche Mitarbeiter werden Widerstand leisten. Das kann zum Beispiel der Fall sein, wenn der Sicherheitsdienst ausgelagert werden soll und die bisherigen Mitarbeiter stattdessen bei der Instandsetzung helfen sollen. Oder Du als Facility-Manager sollst plötzlich zwei weitere Gebäude in Deinen Verantwortungsbereich bekommen, die aber jeweils unterschiedliche Sub-Unternehmer haben. Deine Hauptaufgabe ist in diesen Fällen einen Weg zu finden, diese Veränderungen erfolgreich umzusetzen. Da Facility-Management eine Führungsaufgabe ist, wird von Dir erwartet werden, Strategien für die Umsetzung zu erarbeiten. Eine Orientierung geben dabei die Methoden des Change Managements und des modernen Projektmanagements.

Prozesse

Innerhalb des Facility-Managements lassen sich für jedes Projekt spezifische Abläufe definieren, wie das Instandhalten von technischen Anlagen bei der Bewirtschaftung eines Gebäudes. Das moderne FM muss aus den täglichen Arbeiten und Rundgängen einen einheitlichen Prozess schaffen, der transparent und nachvollziehbar ist. Ein großes Hindernis können dabei etablierte Arbeitsmethoden sein, die aber niemals aufgeschrieben wurde. Das ist gerade bei kleineren Unternehmen der Fall, die nur einen oder zwei Mitarbeiter im Facility-Management haben und deren Aufgaben oft eher technischer und operativer Natur sind, weniger aber strategisch und prozessorientiert.

Prozesse machen das FM effizienter und sind eigentlich nicht mehr aus dem modernen Arbeitsalltag wegzudenken. Sie sind die Grundlage für digitale Systeme, die Daten aus dem Gebäudemanagement aufnehmen, verwalten und aufbereiten.

Ein **Beispiel für einen digitalisierten Prozess** ist die **Meldung eines Schadens**. Wenn in der Teeküche der Buchhaltung der Wasserhahn tropft, dann braucht es einen geordneten Prozess, um den Schaden zu beheben. Früher wurde die Haustechnik angerufen, die dann eine Notiz geschrieben hat, die wiederum irgendwann dem Chef vorgelegt wurde. Der fragte dann, wer mal Zeit hat, nachzuschauen, und schickte bei einer Bagatelle vielleicht noch den Lehrling, der wiederum erst einmal den Ort des Geschehens finden muss. In einem Prozess wird eine Schadensmeldung vom Mitarbeiter, der das Problem entdeckt hat, in den Computer eingegeben, eventuell sogar mit der Inventarnummer des Wasserhahns. Damit kann schon mal gesehen werden, wie alt dieser ist, aber auch der Ort ist auf dem Gebäudeplan sichtbar. Der Vorfall bekommt eine Priorität, der wiederum werden personelle Ressourcen zugeordnet und in die "Akte" des Wasserhahns geschaut. Dort stehen alle bisherigen Reparaturen. Sollte eine Dichtung ausgewechselt werden, wird das ebenso vermerkt wie die aufgewendete Arbeitszeit. Die Arbeit wird, wenn alles beendet ist, im Computer als abgeschlossen markiert. Damit ist der Prozess beendet.

Systeme

Um Prozesse abzubilden und in das Tagesgeschäft zu integrieren, braucht es die entsprechenden Systeme. Diese sind heute fast immer softwarebasiert. Mit einem CAFM (computer-aided Facility-Management) können Geschäftsprozesse im Unternehmen mit den Prozessen des FM synchronisiert werden. Dein Unternehmen sollte bei der Auswahl eines CAFM-Systems zuvor genau die Anforderungen festlegen. Diese ergeben sich hauptsächlich aus den formulierten Prozessen, und zu einem gewissen Anteil aus den Daten, die Du erheben möchtest.

Unter Systemen im Facility-Management kannst Du alles verstehen, was schematisch dargestellt und zu einem gewissen Grad automatisiert werden kann. Die Grundlage bieten die oben genannten Prozesse, die dann von den Systemen abgearbeitet werden können. Nicht immer muss eine Software vorhanden sein. Ein visuelles System, das aus der Autoindustrie kommt, ist Kanban. Es stammt aus Japan und besteht aus Tafeln und Listen. Diese Listen sind in der einfachsten Form mit To Do, Doing und Done überschrieben. Sie bieten sich zum Beispiel für die täglichen Arbeiten an, die außerhalb der Routinen anfallen.

Ein Beispiel: Für den Tag stehen bestimmte Aufgaben an

- Auswechseln aller Leuchten im Konferenzraum A

- Schneiden der Hecken an der Auffahrt

- Begehung mit den Beauftragten des Brandschutzes im Gebäude C

- Gemeinsame Sitzung mit Finanzwesen und Einkauf

- Erstellung des Arbeitsplanes für die kommende Woche

- Umzug zwei Arbeitsplätze in Gebäude 4, 2. Stock

- Notdienst-Verantwortlicher

In einem Kanban-System werden alle Aufgaben in der „To-do"-Liste eingetragen. Dann wird jede Aufgabe einer Person zugeordnet (am besten ist es, wenn Deine Mitarbeiter soweit möglich diese auswählen können). Die Aufgaben können auf Karten geschrieben werden oder Du machst eine Tabelle auf einer großen Tafel. Jeder Aufgabe können noch Zeitvorgaben, Orte, benötigte Mittel zugeordnet werden. Wenn ein Mitarbeiter mit der Aufgabe beginnt, wird die Karte in die Liste „Doing" verschoben (oder ein Pfeil markiert die Verschiebung). Ist die Arbeit beendet, wird die Aufgabe in die Liste „Done" verschoben. Der große Vorteil bei diesem System ist, dass alle Mitarbeiter jederzeit den aktuellen Stand der Aufgaben sehen, und nicht erst an einen Computer gehen müssen. Dieses System ist heute immer noch in vielen Krankenhäusern, Produktionsanlagen und eben auch im Gebäudemanagement vorhanden.

Eine Kanban-Liste mit den oben genannten Aufgaben kann dann um die Mittagszeit wie folgt aussehen:

To-do	Doing	Done
Auswechseln aller Leuchten im Konferenzraum A Müller/Schmidt	Begehung mit den Beauftragten des Brandschutzes im Gebäude C Meyer	Gemeinsame Sitzung mit Finanzwesen und Einkauf Schneider
Schneiden der Hecken an der Auffahrt		
Erstellung des Arbeitsplanes für die kommende Woche Schneider	Umzug zwei Arbeitsplätze in Gebäude 4, 2. Stock Team 2	
	Notdienst-Verantwortlicher BLOCKED Fischer	

Abbildung 2: Beispiel einer Kanban-Liste[18]

---

[18] Eigene Darstellung

Der Notdienst-Verantwortliche kann in diesem System geblockt werden und steht damit immer in der „Doing"-Liste. Ein großer Vorteil für den Facility-Manager ist bei diesem System, dass es eine ständige Übersicht über den aktuellen Stand gibt, aber auch verhindert werden kann, dass zum Beispiel zu viele Aufgaben angenommen werden. So kannst Du die Aufgaben in der mittleren Spalte zum Beispiel auf eine bestimmte Zahl reduzieren. Wenn eine Aufgabe nicht erledigt werden kann, wandert sie übrigens wieder zurück in die „To-do"-Liste. Es gibt diese Kanban-Listen auch als Software, und sie sind in einige ERP- und andere Softwarelösungen integriert.

Daten

Die moderne Informationsgesellschaft ist datengetrieben und das FM ist keine Ausnahme. In Zukunft werden Daten im FM eine sehr große Rolle spielen, unter anderem ausgelöst durch Automatisierung und IoT. Die Herausforderung liegt dabei sowohl in der Generierung von Daten als auch in der Qualität der Informationen. Denn nur mit den richtigen Daten und Analysen kann die Gebäudebewirtschaftung optimiert werden. Der Facility-Manager muss in der Lage sein, diese Daten zu interpretieren und Maßnahmen daraus abzuleiten. Beim Aufbau einer Infrastruktur muss das FM sicherstellen, dass alle Elemente Daten produzieren können, dass die Produktion der Daten unterbrechungsfrei ist und dass die Daten in bestehende Systeme integriert werden können. Der FM erhält von den unterschiedlichen Datenproduzenten Berichte, die ihm als

Grundlage für Entscheidungen dienen und aktuelle Veränderungen zeigen.

CAFM als Teil des modernen Facility-Managements

Eine CAFM-Software bietet dem Facility-Manager die Werkzeuge und Mittel, den Betrieb von Gebäuden zu beobachten, zu verwalten, zu analysieren und zu planen. Diese Funktion ist als eine Managementfunktion zu verstehen und bedeutet nicht den tatsächlichen Betrieb von Anlagen. Aufgabe von CAFM-Systemen ist die Generierung und Verwaltung von Daten und damit verbundenen Systemen sowie die Integrierung dieser Systeme. Dazu gehören Daten von Personen, die sich im Gebäude befinden, damit verbundenes Tracking und Berechtigungen, aber auch Kostenstellen und allgemeine Informationen über die Nutzung von Flächen, Miet- und Leasingforderungen und Nebenkostenabrechnungen.

Das CAFM steht über einem CMMS (Computerized Maintenance Management System), das sich um den tatsächlichen Betrieb der Anlagen kümmert. Ein Beispiel ist ein Patientenzimmer in einem Krankenhaus. Das Maintenance System überwacht hier die Funktionalität des Schwesternrufsystems, wartet es und überprüft die Funktionen. Das CAFM sammelt das Wissen über medizinisches Personal, das Zugang hat und den Raum nutzt, die Ausstattung wie Telefon, Fernseher und Wi-Fi, medizinische notwendige Anschlüsse wie den Sauerstoff und

Strom sowie die vorhandenen Betten und weitere spezifische Einrichtungen.

Das Computer-Aided Facilities Management (CAFM) umfasst die Erstellung und Nutzung von IT-basierten Systemen in einem Gebäude oder einer Anlage. Ein klassisches CAFM-System ist definiert als eine Kombination aus CAD (Computer Aided Design) und einer damit verbundenen Datenbank, die in der Lage ist, die gesammelten Informationen dem FM aufzubereiten und zur Verfügung zu stellen.

Zu den **Aufgaben des CAFM-Systems** gehören:

- Die Unterstützung des Facility-Managers bei der optimalen Auslastung und einem effizienten Betrieb der Immobilien-Vermögenswerte des Unternehmens, und zwar zu möglichst geringen Kosten und einer vollen Auslastung. Das bezieht sich auf den gesamten Lebenszyklus eines Gebäudes.

- Die Unterstützung des operativen und strategischen Facility-Managements. Das schließt alle Aktivitäten im Zusammenhang mit administrativen, technischen und infrastrukturellen FM-Aufgaben ein, wenn die Anlage oder das Gebäude in Betrieb ist. Hinzukommen die strategischen Prozesse für die Planung und Verwaltung von Einrichtungen.

CAFM-Systeme bestehen aus einer Vielzahl von Technologien und Informationsquellen, zu denen objektorientierte Datenbanksysteme, CAD-Systeme, Building Information Models (BIM) und Schnittstellen zu anderen Systemen wie einem Computerized Maintenance Management System (CMMS) gehören können. Heute sind die meisten CAFM-Systeme web- und cloudbasiert und bieten eine Vielzahl von Funktionen, einschließlich einrichtungsbezogener Planungs- und Analysefunktionen. Daten können aus einer Vielzahl von Quellen über APIs oder andere Transferprozesse gesammelt werden.

Die ersten CAFM wurden Ende der 1980er Jahre entwickelt, als der PC Einzug im Unternehmen hielt und man in der Lage war, FM-Informationen zu erfassen und die Daten aufzubereiten sowie erste Prozesse zu automatisieren. Mit der Entwicklung internetbasierter Datenbanksysteme nahm der Einsatz von High-End-Tools im Facility-Management dramatisch zu. Heute ist das CAFM für Facility-Manager ein unverzichtbarer Teil ihrer Arbeit.

Nur CAFM-Systeme können die komplexen Informationen und die Datenmengen, die im Gebäudemanagement entstehen, analysieren und verarbeiten. Ein CAFM-System bietet außerdem die Möglichkeit, viele der Facility-Management-Funktionen zu automatisieren. Das führt in der Regel zu kontinuierlichen Kosteneinsparungen und einer verbesserten Nutzung der Gebäude während ihres gesamten Lebenszyklus.

Die GEFMA hat für CAFM eine Zertifizierungsrichtlinie herausgegeben. Die GEFMA 444 hat 22 CAFM-Lösungen nach den neuen Standards zertifiziert und arbeitet intensiv mit IT-Unternehmen an der Weiterentwicklung von CAFM-Lösungen.

Weil es kein Modell gibt, das für alle Gebäudearten gleich gut geeignet ist, um die spezifischen Anforderungen des Facility-Managers zu erfüllen, enthält ein gut entwickeltes CAFM-System eine Vielzahl von Funktionen und Anwendungen. Die meisten CAFM-Systeme liefern und pflegen Informationen zu Grundrissen, Beschreibungen des Bauwerks, Raumnutzung, Energieverbrauch, Gerätestandorte und anderen Infrastrukturdaten.

Integrierte CAFM-Systeme sind mit intelligenten Schnittstellen, automatisierbaren Funktionen und Verknüpfungen zwischen verschiedenen externen Anwendungen ausgestattet. Diese Funktionen sind den meisten CAFM-Systemen gemeinsam:

Interaktive Datenbank: Da die Daten in der FM-Praxis von entscheidender Bedeutung sind, basieren CAFM-Systeme auf relationalen Datenbanken, die auf die funktionalen Anforderungen der Einrichtung oder des FM-Managements zugeschnitten sind.

Grafische Eingabe: CAFM-Systeme haben ein interaktives Grafikmodul zum Zeichnen und Ändern von Anlagenlayouts, Plänen und anderen Grundrissen. Ein Großteil der auf dem Markt befindlichen

CAFM-Systeme integriert CAD-Daten von Architekturprogrammen.

Datenmanagement: Das CAFM sammelt nicht nur Daten, sondern bereitet sie verständlich auf, unter anderem in Tabellen und Grafiken. Das Datenmanagement ist heute ebenfalls weitgehend automatisiert, sodass sich der FM mehr auf die Bewertung konzentrieren kann. Langwierige Eingabe von Daten gehört eigentlich der Vergangenheit an.

Deshalb ist ein CAFM wichtig

Es ist kein Geheimnis, dass das Facility-Management einer der Bereiche ist, in denen zuerst gespart wird. Führungskräfte aus dem Finanzwesen wissen oft nicht, warum diese Kosten entstehen, und kürzen einfach mal die Reinigungskosten um 20 Prozent, damit das Budget besser aussieht. Mit einem CAFM können durch Optimierungen bestimmte Kürzungen wieder aufgefangen werden. So ist das CAFM in der Lage, die vorhandenen Ressourcen besser zu verteilen. Du kannst mit einer guten Software aber auch Modellrechnungen durchführen, zum Beispiel, wie sich die Heizkosten bei einer Temperaturveränderung von ein oder zwei Grad verändern. Solche Optimierungen sind ebenso beim Einkauf möglich, wenn durch einen Lieferantenwechsel Büromaterial billiger eingekauft werden kann. Und höhere Wartungsintervalle der Maschinen, zum Beispiel ein Schneepflug oder der Aufzug der Fensterputzer, können deren Lebensdauer verlängern. Das CAFM kann dabei helfen, in vielen Bereichen einzusparen, ohne allzu große Kompromisse machen zu müssen oder große Investitionen tätigen zu müssen.

Das CAFM kann Dir bei der strategischen Planung helfen. Es kann einen Raumbedarf modellieren, auf Basis der geplanten Personalentwicklung. Du kannst damit auch Umstrukturierungen durchspielen, wenn zum Beispiel die Anordnung der Schreibtische verändert werden soll oder die Einzelbüros aufgegeben werden sollen. Bei allen Planungen, die Veränderungen in Gebäuden betreffen, kann das CAFM schnell und zuverlässig genaue Daten liefern.

Wartung und Instandhaltung, Inventarisierung
Einer der großen Vorteile des computerunterstützten Facility-Managements sind die Bereiche Wartung und Instandhaltung sowie Inventarisierung. Die Software ist in der Lage, die Wartungsintervalle zu verwalten und Dich daran zu erinnern, wann welche Maschinen und Anlagen überprüft werden müssen. Diese Intervalle können so optimiert werden, dass die Wartungskosten geringgehalten werden, gleichzeitig aber die Lebensdauer maximal verlängert werden kann.

Ebenso kannst Du über die Datenbank Dein Inventar verwalten. Das reicht von Putzmitteln über Messgeräte, Batterien für Feuermelder und in manchen Fällen auch das Büromaterial für die ganze Firma. Je besser die Inventarverwaltung, umso kosteneffizienter können Waren verwaltet werden.

Moderne Kontaktverwaltung

Zum Facility-Management gehört die interne Kommunikation, wie Festnetztelefone und Funkgeräte. Das FM ist damit eine wichtige Kommunikationszentrale, die über ein CAFM optimal genutzt werden kann. So können alle wichtigen Telefonnummern abgerufen werden. In Notfällen kann die Anlage automatische Benachrichtigungen an wichtige Personen schicken. Außerdem laufen hier alle Informationen zusammen, wer im FM welche Aufgaben hat und bei großen Anlagen, wer für welche Gebäudeteile verantwortlich ist.

Raumnutzungsplanung

Immer mehr Unternehmen haben eine sehr dynamische Personalentwicklung, die sich stark an den schwankenden Märkten und einer volatilen Nachfrage orientiert. Das drückt sich in der Nutzung der vorhandenen Räumlichkeiten aus. Aufgabe des FM ist, unterschiedliche Nutzungsszenarien zu entwickeln. Mit der CAFM-Software kann das recht einfach am Computer erledigt werden. Der Vorteil hierbei ist, dass nicht nur der Raumbedarf errechnet wird, sondern auch die damit verbundenen Kosten dargestellt werden. Wenn also Raum für 10 weitere Mitarbeiter gefordert wird, können die Reinigungskosten und Energiekosten steigen. Gleichzeitig kannst Du die tatsächlichen Einsparungen darstellen, wenn Flächen reduziert werden.

Es geht aber bei der Raumnutzung nicht nur um Kosten-einsparung oder Platzbedarf. Wenn eine Firma auf ein offenes Schreibtischkonzept umstellt, kann das zum Beispiel die Produktivität fördern. Hier haben die Angestellten keine festen Schreibtische mehr, sondern „buchen" sich einen Platz. Sie haben in diesem System lediglich einen Rollcontainer mit ihren persönlichen Gegenständen und Arbeitsmaterial. In solchen Konzepten sind meistens mehr Meetingräume und offene Besprechungsräume vorhanden. Diese durchzuplanen und mit dem Platzangebot zu vereinen, ist ebenfalls eine Anwendung von FM-Software.

Hilfe bei Notfällen und Katastrophen

Ein Gebäude birgt immer gewissen Sicherheitsrisiken: Es kann brennen, es kann einen Wasserschaden geben, ein Aufzug kann stecken bleiben oder Gebäudeteile können beschädigt sein. In solchen Notfällen zeigt das CAFM und die damit verbundenen Systeme genau an, wo das Problem liegt und welche Lösungsansätze es gibt. So können mit wenigen Klicks Handbücher auf den Bildschirm gebracht werden, oder die Stromversorgung kann in einem bestimmten Bereich unterbrochen werden. Das CAFM hält auch Informationen über bestimmte gefährliche Stoffe bereit, die in einem Warenlager untergebracht sind. Oft werden über die Software die Brandmeldeanlagen koordiniert.

4. Strategisches Facility-Management

Die operativen und infrastrukturellen Aufgaben des FM stehen nicht alleine, sondern werden heute vom strategischen Facility-Management gesteuert. Es verbindet die Anforderungen der Unternehmensleitung mit der Umsetzung an Ort und Stelle. Gleichzeitig gibt das strategische Management Feedback, und das idealerweise nach oben und zur Seite. In einem modernen Facility-Management sollten Entscheidungen und Empfehlungen auf transparenten Informationen basieren, die mit allen Unternehmensbereichen geteilt werden.

Dass Facility-Management immer stärker über seine strategischen Komponenten definiert wird, erkennen selbst Unternehmen und die Forschung. In seiner Arbeit über das integrierte Facility-Management schreibt Sven A. Teichmann:

„Im Kontext des dynamischen und sich verschärfenden Wettbewerbs in der Wirtschaft gewinnen sowohl die Facilities als Gesamtheit der betrieblichen Infrastruktur als auch das Immobilien- und Facilities Management in Unternehmen der verschiedensten Branchensegmente zunehmend an Bedeutung und werden zu einer wichtigen strategischen Erfolgsposition. Insbesondere Immobilien sowie auch Maschinen und Anlagen werden nicht mehr exklusiv als Produktionsfaktor betrachtet, sondern erfüllen als wertvolle Assets die Funktion einer strategischen Ressource, die ein erfolgreiches Zusammenwirken von Unternehmens- und FM-Strategie erfordert."[19]

„Als zentrale Handlungsfelder des strategischen Facilities Managements lassen sich neben der Entwicklung und Umsetzung von Strategien wie im Rahmen des Wertschöpfungs- und Sourcing Managements auch die Schaffung von Lösungen zu Fragestellungen hinsichtlich v.a. Organisation, Führung und Controlling, Systemen bzw. Informationstechnologie (IT) und Human Resources für Unternehmen verstanden werden."[20]

4.1 Eigenständige Einheit im Unternehmen

Jedes Unternehmen versteht unter strategischem FM etwas anderes. In manchen Unternehmen werden alle FM Bereiche von einem kleinen Team erledigt, in anderen ist das an den Vorstand angegliedert. Je nach Größe Deiner

---

[19] Teichmann,S, A. (2009) Integriertes Facilities Management in Europa – Theoretische Konzeption, empirische Untersuchung und Marktanalyse zur Gestaltung und Steuerung von Wertschöpfungspartnerschaften im internationalen Kontext. Schulte, K-W; Bone-Winkel, S. (Hrsg.), Schriften zur Immobilienökonomie, Bd. 55, Köln: Immobilienmanager-Verlag, S. 35 f.

[20] a. a. O., S. 40

Firma und der Flächen werden die Aufgaben unterschied-lich gewichtet. Zu diesen gehören:

- Portfolio- und Assetverwaltung

- Erstellung von Prozessen und Überwachung derer

- aktive Mitarbeit bei Neuplanungen

- Ressourcenbudgets/Supplier- und Drittanbieter-Management

- Koordinierung

- Ziele des FM formulieren

- Controlling und betriebswirtschaftliche Aspekte

- Zuarbeit für andere Abteilungen

Beim strategischen Management werden diese Aufgaben gesteuert und delegiert. So wirst Du im Bereich der Assetverwaltung Vorgaben und Ziele formulieren, die dann vom infrastrukturellen oder operativen FM ausgeführt werden. Wenn es um Planungen geht, ist die Aufgabe des strategischen Facility Managements etwas konkreter, hier wirst Du die Belange des FM gegenüber anderen Stakeholdern vertreten.

Wie wichtig es ist, das FM schon frühzeitig in die Planungen einzubinden, hat Nico Borrman in seiner Bachelorarbeit beschrieben:

„Im Gegensatz zum operativen Facility-Management in der Nutzungsphase eines Gebäudes stellt das planungs- und baubegleitende Facility-Management eine Beratungsleistung dar, die bereits in der Planungsphase die Effektivitäts- und Qualitätssteigerung von Gebäuden zum Ziel hat.

Dazu gehört neben der Optimierung der Gebäudebewirtschaftungsprozesse auch die Reduzierung der Lebenszykluskosten des Gebäudes. Dies erfordert jedoch eine interdisziplinäre und fachspartenübergreifende Zusammenarbeit aller Projektbeteiligten. Somit besteht eine wichtige Zielsetzung des planungs- und baubegleitenden Facility Managers in der frühzeitigen Einbeziehung und Koordination sämtlicher Beteiligter im Zusammenhang mit dem Immobilienprojekt.

Dazu zählen neben dem zukünftigen Nutzer oder Betreiber auch Investoren, Bauherren und Behörden sowie die beauftragten Fachplaner und Architekten. Bei jedem Bauprojekt sammeln sich im Laufe der Planungs- und Realisierungsphase große Datenbestände an. Jeder Planungsbeteiligte erzeugt im Zuge seiner Bearbeitung wichtige Projektinformationen über das Gebäude, indem er es entwickelt und beschreibt. Hier besteht die Aufgabe des planungs- und baubegleitenden Facility Managers in der

Aufbereitung der Planungsinformationen in ,FM-gerechter' Form, damit diese mit der Inbetriebnahme des Objektes der Gebäudebewirtschaftung zur Verfügung stehen."[21]

4.2 FM setzt Unternehmensziele um

Wie wichtig das FM bei der Umsetzung der Unternehmensziele sein kann, zeigt ein Beispiel des Chemiekonzerns Merck. Der Vorstand hatte beschlossen, dass man so weit wie möglich klimaneutral werden wollte. Das wurde als klares Unternehmensziel definiert. Im Facility-Management gibt es natürlich viele Ansätze, Emissionen und Energie zu sparen. Ein Bereich, dem man sich widmete, waren Umzüge. Die finden recht häufig statt, weil Merck Standorte in Darmstadt und Gernsheim hat. Insgesamt wurde ausgerechnet, dass durch die Umzüge 37.290 kg CO2 jährlich entstehen.[22]

Die Facility-Manager machten sich auf die Suche nach Lösungen und fanden sie in der Firma Friedrich Friedrich,

---

[21] Borrmann, N. (2010): Die Einbindung eines planungs- und baubegleitenden Facility-Managements in den Integralen Planungsprozess als wesentliche Voraussetzung für eine ganzheitliche und nachhaltigkeitsorientierte Gebäudeplanung, S. 15

[22] Bauverlag BV GmbH (2020): Friedrich Friedrich – Klimaneutrale Inhouse Services für Merck. URL: https://www.facility-management.de/news/friedrich-friedrich-klimaneutrale-inhouse-sercives-fuer-merck_3591450.html [Stand: 12-12-2020]

die sich auf klimaneutrale Umzüge spezialisiert hat. Es werden dafür zum einen die Wege optimiert, zum anderen die entstehenden Emissionen durch weltweite Klimaprojekte ausgeglichen. Der Ausstoß von Kohlendioxid, der bei einem Umzug entsteht, wird genau berechnet. Grundlage ist der CO2-Fußabdruck des Umzugsunternehmens. Für die Umzugsfirma Friedrich Friedrich erledigt die Rechenarbeit ein Drittanbieter. Die Umweltfirma erfasst jährlich alle im Unternehmen vorhandenen Emissionsquellen. Um den Ausstoß auszugleichen, werden pro 1.000 kg CO2 in Costa Rica im Rahmen des Projekts BaumInvest 3.5 Bäume gepflanzt. Der Wechsel zu einem klimaneutralen Umzugsunternehmen war für das Facility-Management von Merck eine strategische Maßnahme, die weniger durch Kosten als durch übergeordnete neue Unternehmensziele notwendig wurde.[23]

4.3 GMP im Facility-Management

Eine neue Praxis, die häufig bei sicherheitsrelevanten Einrichtungen zu finden ist, wird als GMP bezeichnet. Das steht für Good Manufacturing Practices, also eigentliche Gute Produktionspraxis. Dahinter stehen aber behördliche Vorgaben, wie bestimmte Produkte herzustellen sind. Das betrifft Reinhaltung bei der Lebensmittel-

---

[23] a. a. O.

produktion oder Sicherheitsauflagen bei Chemieunternehmen. Bei der Planung einer neuen Anlage sollte das FM ein Mitspracherecht haben. Das Design von GMP-Anlagen für Produktionsstätten und wissenschaftliche Labors erfordert sehr spezifische Kenntnisse und Erfahrungen. Die Facility-Manager müssen verstehen, dass sowohl die regulatorischen als auch die Workflow-Anforderungen für den Erfolg beim Bau oder der Renovierung von Einrichtungen entscheidend sind. Heute spricht man davon, dass die Qualität „eingebaut" werden muss. Dies bedeutet, dass die Qualität eines Produkts in jeder Phase des Fertigungslebenszyklus eingebaut werden sollte, anstatt sich am Ende des Prozesses ausschließlich auf Qualitätskontrolltests zu verlassen. Ohne die dafür passenden Einrichtungen und das entsprechende Facility-Management wird das nicht möglich sein.

4.4 Strategien für „Make-or-buy-Entscheidungen" entwickeln

Ein weiterer Teilbereich des Facility-Managements ist die Formulierung von Strategien für Make-or-buy-Entscheidungen. Als Make-or-buy wird die Wahl beschrieben, ob man etwas selbst macht oder die Leistungen vergibt. Im Facility-Management gibt es dafür viele Anwendungen, ganz vorne stehen die personalintensiven Reinigungsleistungen. Die Strategie, die hier entwickelt wird, bezieht sich aber weniger auf Kostenvorteile.

Vielmehr werden Faktoren festgelegt, die bei solchen Entscheidungen helfen sollen. Viele davon sind die übergeordneten Unternehmensziele, zum Beispiel die Personalkosten und Einheiten gering zu halten, bestimmte Bereiche in eigenständige Einheiten auszulagern oder sehr kleine Kernbereiche zu haben. Auch deshalb vergeben Firmen das Facility-Management an externe Dienstleister oder gründen eigene GmbHs, die sich um das Gebäudemanagement der Firmengruppe kümmern. In der Lünendonk Studie 2018, eine in der FM-Branche wichtige jährliche Umfrage, wurden die Unternehmen befragt, ob sie das FM inhouse durchführen oder vergeben:

„Drei Viertel der Studienteilnehmer unterhalten eine eigene rechtliche Einheit, die operative Facility Services erbringt. Diese ist wiederum meist für Leistungen des TGM zuständig. Auch infrastrukturelle Leistungen (IGM) werden von der Hälfte der Inhouse-Gesellschaften umgesetzt. Lediglich das kaufmännische Gebäudemanagement (KFM) liegt eher selten im Zuständigkeitsbereich dieser rechtlichen Einheiten. Auffällig ist, dass die Größe des Unternehmens nur eine untergeordnete Rolle spielt. Zwar verfügen Firmen mit einem Umsatz über 1 Milliarde Euro etwas häufiger über eine solche hauseigene rechtliche Einheit, der Unterschied zu den kleineren Unternehmen liegt bei den Befragten jedoch nur bei 3 Prozentpunkten. Bei der Immobilienwirtschaft, wo nur zwei von drei Unternehmen über eine hauseigene Facility-Management Unit verfügen, ist das Outsourcing schon weiter fortgeschritten. Finanzdienstleister setzen deutlich häufiger auf das Modell der Eigenerbringung (80 %). Hier besteht noch Potenzial für die Dienstleister, den Unternehmen stärker unter die Arme zu greifen."[24]

In der Studie wurde auch untersucht, ob zum Beispiel bestimmte Bereiche stärker ausgelagert werden. Bislang scheint es so zu sein, dass eher die infrastrukturellen Leistungen nach außen vergeben werden und weniger das technische Gebäudemanagement. Dafür gibt es aber Bündelungen innerhalb der drei Säulen des Facility-Managements. So vergeben 44 Prozent der befragten Unternehmen mehrere Gewerke innerhalb des IFM an einen Dienstleister.

Der strategische Ansatz beim Facility-Management, wenn es um die Vergabe geht, basiert auf mehreren Faktoren:

[24] Lünendonk (2018): Lünendonk®-Studie 2018 Auftraggeber-Perspektive – Facility-Management in Deutschland - Eine Analyse des Facility-Management-Marktes aus Nutzersicht, S.18

Stimmen die Dienstleister mit unseren strategischen Unternehmenszielen überein?

Eine Firma, die Emissionen reduzieren will, wird zum Beispiel schauen, ob der Dienstleister elektrische Fahrzeuge benutzt.

Welche Sicherheitsaspekte sprechen gegen eine Vergabe?

Ein Datenzentrum wird Probleme damit haben, eine Reinigungsfirma zu beauftragen, die immer wieder andere Personen schickt.

Folgt der Dienstleister Deiner Unternehmenskultur?

Wenn Dein Unternehmen Diversität fördert und sich für faire Gehälter einsetzt, sollte dies auch beim Dienstleister der Fall sein.

Besteht die Gefahr von Wissensverlust?

So bequem es sein kann, wenn Anlagen von externen Firmen gewartet werden, so groß ist der Wissensverlust. Es kann sich langfristig als Nachteil auswirken, wenn bestimmte Skills und Wissen nicht mehr im Unternehmen vorhanden sind. Das zeigt sich zum Beispiel dann, wenn der Dienstleister den Vertrag nicht verlängert oder der Vertrag aus Kostengründen nicht erneuert werden kann. Wenn dann niemand im FM weiß, wie diese Aufgaben erledigt werden, kann es ein Problem geben.

Welche Freiräume entstehen für das FM?
Je mehr operative Aufgaben kostengerecht nach außen vergeben werden können, umso mehr Zeit hast Du als FM für die strategischen und koordinierenden Maßnahmen. Wenn also die Day-to-day-Tätigkeiten einen großen Teil Deiner Zeit beanspruchen, kann eine Vergabe sehr sinnvoll sein.

Der Teufel steckt bekanntlich im Detail, und bei vielen Projekten, die das FM miteinschließen, kann eine frühzeitige Einbindung viel Geld sparen. Das musste der Wiener Krankenanstaltenverbund schmerzlich erfahren. Dort hatte man 2006 ein neues System eingeführt, bei dem der Arzt am Krankenbett auf einem Tablet eingibt, welches Medikament der Patient bekommen soll, und die Daten wurden an eine automatisierte Apotheke im Krankenhaus weitergeleitet. Diese sucht entsprechende Medikamente heraus, verpackt sie und liefert sie aus.

Allein die Vorarbeiten und die Testphase verschlangen 1.63 Millionen Euro. Das System wurde 2014 offiziell eingestellt, auch wenn bereits vorher klar war, dass es keine Vorteile brachte. Die späte Entscheidung bedeutete, dass allein 140.000 Euro Wartungskosten für ein System angefallen waren, das gar nicht benutzt wurde. Interessant war auch, dass die beauftragte Firma das System erfolgreich in Deutschland und den USA im Einsatz hat. Es lag also nicht an der Software und den Robotern, sondern an der Implementierung in den Arbeitsablauf und die damit verbundene Logistik. Und genau hier hätte eine Einbindung des FM helfen und auf Schwachstellen hinweisen können.[25]

4.5 Compliance-Aufgaben

Unternehmen und öffentliche Einrichtungen unterliegen heute so vielen Gesetzen und Vorgaben, dass der Begriff der Compliance Einzug gehalten hat. Damit wird die Übereinstimmung der unternehmerischen Tätigkeiten mit gesetzlichen und den eigenen Richtlinien bezeichnet. Ein bekanntes Beispiel sind Stellenanzeigen, die dem allgemeinen Gleichstellungsgesetz entsprechen müssen. Auch bei Vergaben von Tätigkeiten im Rahmen des FM gibt es Regeln, die eingehalten werden müssen. Bei öffentlichen Einrichtungen sind das zum Beispiel Ausschreibungs-richtlinien.

Bei Unternehmen gibt es die Vorgabe, dass mindestens drei vergleichbare Angebote eingeholt werden müssen. Es ist Aufgabe des FM, die Einhaltung der Richtlinien zu überwachen. Zu solchen Regeln gehört auch die Überwachung von Leistungen, die extern eingekauft werden. Ein Fall in Österreich sorgte für Aufsehen: Dort hatte sich der Rechnungshof die Zusammenarbeit des AHK Wien und

---

[25] Krutzler, D. (2015): Millionenfiasko beim Wiener Krankenanstaltenverbund. URL: https://www.derstand-ard.at/story/2000010557722/millionenfiasko-beim-krankenanstalten-verbund [Stand: 08-12-2020]

einer FM-Firma angeschaut. Die Ergebnisse waren schockierend: „Bei der Sanierung der Tiefgarage kam es beispielsweise zu massiven Verzögerungen: Statt wie geplant im Dezember 2010 wurde sie erst im September 2013 fertig. In dieser Zeit hatten sich die Kosten von prognostizierten 3,2 Millionen Euro auf 31,5 Millionen erhöht. Darüber hinaus vermisste der Rechnungshof ein Gesamtkonzept.

Die Kostensteigerung dürfte auf Baumängel bei der Jahrzehnte zurückliegenden Errichtung zurückgehen. Dass die damaligen Erbauer nicht mehr belangt werden, hat einen eigentümlichen Grund: ,Trotz jahrzehntelanger, kontinuierlicher Wassereintritte, welche üblicherweise nicht länger als 30 Jahre unbemerkt bleiben, führten diese erst nach Ablauf der 30-jährigen Verjährungsfrist zum Beginn des Sanierungsprojektes'."[26]

Schlimmer noch: Es gab personelle Verflechtungen zwischen den Krankenhaus-FM-Verantwortlichen und der beauftragen Firma. Diese waren aber nicht allein Grund für die massiven Schlampereien. Vielmehr fehlte es an Überwachungssystemen, einem Kostenbewusstsein, dem Selbstverständnis des FM als Profit-Center und einer an-

---

[26] Die Presse (2014): AKH – „Problematische" Verflechtungen - Ein Prüfbericht stellt der Zusammenarbeit zwischen AKH und Vamed ein vernichtendes Zeugnis aus. URL: https://www.diepresse.com/3809041/akh-bdquoproblematischeldquo-verflechtungen [Stand: 20-11-2020]

gemessenen personellen Ausstattung im FM. Im Krankenhaus selbst gab es keine Compliance-Zuständigkeiten, im FM fehlten diese ebenfalls.

4.6 Arbeitsplatzgestaltung

In Zeiten von Fachkräftemangel in vielen Branchen und Regionen ist der Wettbewerb um Arbeitskräfte recht groß. Wer heute Mitarbeiter halten will, muss ihnen mehr bieten als nur ein gutes Gehalt. Die Attraktivität eines Arbeitsplatzes hängt von der Arbeitsumgebung ab. Hier gibt es neue Chancen für das Facility-Management. Denn es kann zum Beispiel die Ergebnisse von Mitarbeiterbefragungen zur Zufriedenheit am Arbeitsplatz umsetzen. Wenn Mitarbeiter sich über die Beleuchtung beklagen, kann das FM moderne LED-Lampen einbauen, deren Lichtfarbe sich den Tageszeiten anpasst. Das FM kann Vorschläge zu ergonomischen Arbeitsplätzen machen, Lounges einrichten und betreiben, Kaffeeküchen auf den neuesten Stand bringen und die Geräte warten. Gleichzeitig wird sich das FM behaupten müssen, weil durch den Fachkräftemangel die Gehälter steigen und solche Kosten gerne bei der Gebäudeunterhaltung wieder hereingeholt werden. Nicht wenige Unternehmen machen den Fehler, nur die Kostenseite zu betrachten und die strategische Bedeutung für die Personalpolitik zu sehen.

FM als Krisenmanager

Je stärker das FM in die strategische Planung der Arbeitsplatzgestaltung eingebunden ist, umso mehr kann es das Unternehmen mit seinem Wissen unterstützen. Wer als Facility-Manager seinen Job gerne macht, wird sich über neueste Trends erkundigen und diese in die Diskussionen einbringen. Der FM kann bei Vorschlägen mit seinen Kenntnissen abschätzen, ob diese umgesetzt werden können oder nicht.

Ein Beispiel: Ein Start-up möchte gerne einen Tischfußball im Eingangsbereich aufstellen. Platz ist dafür vorhanden, das haben die jungen Softwareentwickler bereits ausgemessen. Wenn sie vor dem Kauf mit dem Facility-Manager sprechen, wird dieser nicht nur schauen, ob für die Spieler genug Platz ist, sondern auch, ob vielleicht ein Fluchtweg blockiert wird.

Ein anderes Beispiel für eine rasche und kompetente, sich an die Ereignisse anpassende strategische Gebäudeplanung hat die Corona-Krise gezeigt. Die Lockdowns zwangen viele Firmen, ihre Mitarbeiter ins Home-Office zu schicken. Was aber geschah mit den Gebäuden? Kann ein Facility-Manager das Gebäude auch von zu Hause überwachen? Welche Kosten entstehen durch den Leerstand und welche Kosten kommen mit der Einrichtung von Heimarbeitsplätzen auf das Unternehmen zu? Wenn Du in Zeiten von Krisen Facility-Manager hast, die mit solchen Veränderungen umgehen können, ist das viel Wert.

Eine der großen Fragen nach der Corona-Krise wird für das Facility-Management sein, wie viele Arbeitsplätze in Zukunft noch im Gebäude verbleiben und wie große der Aufwand für Home-Office Lösungen ist. Dabei wird es sehr flexible Modelle geben müssen, die sich auch auf die Gebäudebewirtschaftung auswirken. So spielt die Gebäude-Technik eine große Rolle: Wie können die Betriebskosten für ein leerstehendes Gebäude in Zeiten von Lockdowns oder anderen Schwankungen in der Nutzung geringgehalten werden? Schon bald könnten Roboter Reinigungsaufgaben übernehmen, Beleuchtung wird durch Software kostenoptimiert gesteuert, Klimaanlagen und Heizungen sind so programmiert, dass sie das Gebäude in eine Art Winterschlaf versetzen können.

4.7 Facility-Management als Teil der Wertschöpfungskette

Als Teil des Unternehmensprozesses hat das Facility-Management seine eigene Wertschöpfungskette. Wenn FM als eigenständige Einheit betrachtet wird, dann muss folglich die Wertschöpfung eine eigene Darstellung bekommen. Im klassischen Unternehmensschema gibt es die Wertschöpfungskette, die wie folgt dargestellt werden kann.

**Eingangslogistik ➔ Operative Aktivitä-
ten ➔ Marketing ➔ Ausgangslogistik ➔
Customer Service**

Das wird auch als Primärprozess bezeichnet, oder als
Kerngeschäft. Hier wird der Hauptteil des Profits erarbei-
tet. Unterstützung kommt von den Bereichen Personalverwaltung, Beschaffung, IT und eben Facility-Management.
Es ist damit ein wichtiger Bestandteil der Wertschöpfung
und dockt an mehreren Elementen der Kette an.

So spielt FM bereits beim Start eines Unternehmens eine
wichtige Rolle, weil die benötigten Flächen einen Einfluss auf den Kapitalbedarf haben. Im operativen Bereich
sind es die infrastrukturellen Kosten, die ein Bestandteil
der Kosten sind. Und der Customer Service kann nur dann
erfolgreich sein, wenn zum Beispiel Produkte über funk-
tionierende Laderampen ausgeliefert werden können.

Das neue Selbstverständnis von Facility-Management ist,
wie es am besten die Primärprozesse unterstützen und einen möglichst hohen Profit erwirtschaften kann. Einen
großen Anteil haben Kosteneinsparungen, weil sie wieder-
rum eine Auswirkung auf den Gewinn haben.
Ein strategischer Ansatz bedeutet aber, dass Kosten allein
keine Rolle spielen dürfen, denn sie sind nur ein Teil der
Unterstützungstätigkeiten. Um die Wertschöpfung aufrechtzuerhalten, muss das FM in allen Teilen der Primärprozesse seine Funktion erfüllen.

Es hilft also nicht, wenn Du Flächen verringerst, weil das die Mietkosten verringern kann oder sogar Einnahmen durch eine Vermietung der Flächen entstehen können. Wenn die Unternehmensstrategie auf Expansion angelegt ist, wäre eine solche Maßnahme kontraproduktiv. Im strategischen FM schaust Du nicht nur auf die momentanen Effekte, sondern versuchst die Maßnahmen in die Zukunft zu projizieren.

Eine weitere wichtige unterstützende Funktion ist die Risikoabschätzung und Unfallvermeidung. Wenn beim Umbau des Rechenzentrums das FM fordert, die Wasserleitungen zu verlegen, dann hat das einen direkten Einfluss auf die Kosten. Allerdings kann damit zum Beispiel ein Wasserschaden vermieden werden, der einen Ausfall der Rechner zur Folge hätte. Im strategischen Ansatz würdest Du hier versuchen, die Kosten eines Rechnerausfalls mit den Umbaumaßnahmen gegenüberzustellen.

Das Kostenbewusstsein ist ein wesentliches Element, wenn es um die Beteiligung des FM an der Wertschöpfungskette geht. Du kannst als Facility-Manager nicht nur helfen, Kosten direkt einzusparen, sondern auch die Effizienz verbessern.

Bei der Analyse der Kosten während des gesamten Lebenszyklus zeigt sich, dass die anfänglichen Kosten zum Zeitpunkt der Inbetriebnahme des Gebäudes von einem Maximum bis zu 10-15 % der Kosten reichen. Beginnend mit der Phase „Nutzung" bis zur „Erholungsphase" bleiben diese Kosten meistens bei etwa 10 % nahezu konstant, wobei manchmal sogar ein leichter Abwärtstrend zu verzeichnen ist. In diesen Zeiträumen können in regelmäßigen Abständen Kostenschwankungen aufgrund von Wartungs-, Renovierungs- und geringfügigen Renovierungsarbeiten im Zusammenhang mit dem Facility-Management auftreten, die aber keinen direkten Einfluss auf die Betriebskosten haben. Trotzdem ist es sinnvoll, auch diese Kosten zu berücksichtigen, beginnend mit der Konstruktionsphase.

In dem Paper „The Importance of Facility Management in the Life Cycle Costing Calculation" schreiben Ana Munteanu und Gabriela Mehedintu, dass die Kosten gerade über einen langen Zeitraum gerechnet wichtig sind:

> „Wenn über die kumulierten Kosten des Lebenszyklus gesprochen wird, wird angemerkt, dass die anfänglichen Stückkosten, die Entwurfs- und Ausführungskosten zwar ein Maximum der Investition darstellen, jedoch tatsächlich 15 bis 20 % des Gesamtbetrags des LCC nicht überschreiten wird in ISO 15686-5: 2008 gezeigt. Daher ist anzumerken, dass die Betriebs- und Wartungskosten während der Le-

bensdauer eines Gebäudes im Allgemeinen die anfänglichen Baukosten bei Weitem übersteigen und
bis zu 80 % der Gesamtkosten betragen."[27]

4.8 Lebenszyklusbetrachtung im Facility-Management

Im modernen Facility-Management werden Gebäude und
Anlagen gemäß ihrem Lebenszyklus betrachtet. Die GE-
FMA Deutscher Verband für Facility-Management e.V.
hat diesen **Zyklus in neun Phasen** unterteilt:

- Konzeption

- Planung

- Errichtung

- Vermarktung

- Beschaffung

- Betrieb und Nutzung

- Umbau/Sanierung

- Leerstand

- Verwertung

---

[27] Munteanu, A.; Mehedintu (2016): The Importance of Facility Management in the Life Cycle of Costing Calculation. In: Review of General Management, Vol. 23 (1), S. 65-77

Je bedeutender in Deinem Unternehmen das Facility-Management und je größer seine Kompetenzen sind, umso mehr ist es in alle diese Abschnitte eingebunden. Schon bei der **Konzeption und der Planung** sollte ein Facility-Manager dabei sein und auf die operativen Herausforderungen achten. Ein Beispiel aus den USA kann das veranschaulichen: Dort hatte ein Baumarkt bei der Planung nicht daran gedacht, dass unter den Metalldächern genug Platz für Vögel zum Nisten ist. Diese nahmen das Angebot gerne an, und fortan musste der Baumarkt mit Vogeldreck und Gesundheitsgefahren kämpfen. Ein Architekt denkt an einen solchen Vogelschutz nicht unbedingt, Facility-Manager hingegen kennen das Problem aus der Praxis. Der Baumarkt musste einiges an Kosten aufwenden, um nachträglich Netze einzubauen.[28]

Darüber hinaus denken Facility-Manager daran, dass man Versorgungsleitungen gut erreichen muss und welche Kosten durch eine bestimmte Konzeption in der Reinigung und Instandhaltung entstehen. Ein oft genanntes Beispiel sind Fensterbretter, auf denen man zwar schöne Blumen abstellen kann, die aber einen erheblichen Zeitaufwand nach sich ziehen.

In der **Errichtungsphase** sollte das Facility-Management auf jeden Fall vor Ort sein. Zum einen kann der FM dabei helfen, die baulichen Tätigkeiten und ihre planmäßige

---

[28] McCloud: McCloud Services Solves Birds Nesting in a Retail Store Garden Center. URL: http://facilitymanagement.com/case_study/mccloud-services-birds-nesting/ [Stand: 07-11-2020]

Umsetzung zu überwachen. Zum anderen kann er sich bereits sehr früh mit den Gegebenheiten vertraut machen. So ist es eine Sache, den Verlauf von Abwasserleitungen im Plan zu sehen, eine andere aber genau zu wissen, wie und wo sie verlegt wurden. In der Errichtungsphase können vom Facility-Management bereits erste Veränderungswünsche geäußert werden, wenn diese einen operativen Vorteil mit sich bringen. In dieser Phase kann das strategische FM bereits seine Projektionen überprüfen und eventuell anpassen. So können die tatsächlichen Wege und Aufwendungen für Reinigungen nachgemessen und in Tests überprüft werden.

Die **Vermarktungsphase** betrifft das FM sowohl bei Bauträgern, die eine Immobilie verwalten oder vermieten wollen, als auch Unternehmen, die eigene Gebäude errichten. Das FM ist in dieser Phase für den Vor-Betrieb des Gebäudes verantwortlich. So muss es soweit funktionsfähig sein, dass man es Interessenten zeigen kann. Innerhalb eines Unternehmens muss das neue Gebäude, bevor es bezogen wird, einige Testläufe bestehen. Zu diesen gehören Überprüfungen der Alarmanlagen. Am Beispiel des BER-Flughafens hat man gesehen, welche Auswirkungen eine solche Überprüfung haben kann: Der Brandschutz war einer der Mängel, warum sich das Projekt verschoben hat.

Die **Beschaffungsphase** umfasst den Ankauf oder das Leasing einer Immobilie, zum Beispiel, wenn ein Bauträger weitere Flächen hinzufügen möchte oder wenn ein

Unternehmen Erweiterungen plant. Hier ist das FM beim Flächenmanagement und den zusätzlichen Kosten gefragt. Dabei werden aber Daten produziert, die eventuell zu Planänderungen führen können. Der Schwerpunkt der Erfassung liegt hier auf Informationen, die dazu dienen, dem Nutzer Informationen über die Ausstattung des Gebäudes zu vermitteln. Hier können auch Veränderungen der Nutzung entstehen, zum Beispiel, wenn bei einer Begehung entschieden wird, die Großraumbüros doch teilweise in einzelne Räume umzuwandeln.

Der **Betrieb und die Nutzung** einer Liegenschaft sind die längste und für das FM die intensivste Phase. In dieser Zeit wird die Strategie umgesetzt und angepasst, es müssen die Kosten überwacht werden, das FM steuert das operative Geschehen und kontrolliert die Infrastruktur. Neben der operativen Überwachung wird das FM auf die Kosten achten müssen.

Zu den Aufgaben des FM in dieser Phase gehören gemäß der Richtlinie 200 der GEFMA:

- Objektmanagement

- Bereitstellung von Arbeits-/Produktionsstätten

- Objektbetrieb/Betriebsführung

- Ver- und Entsorgung

- Reinigung & Pflege

- Schutz- & Sicherheitsdienste

- Objektverwaltung & Controlling

- Support-Leistungen

Die **Umbau- oder Sanierungsphase** kann der Nutzung nach geordnet sein oder parallel laufen, je nachdem ob die komplette Liegenschaft betroffen ist oder nur Teile. Aufgabe der Gebäudeverwaltung ist es in dieser Zeit, den Betrieb soweit aufrechtzuerhalten wie nötig, zum Beispiel die Strom- und Wasserversorgung sowie den Brandschutz sicherzustellen. Bei Teilsanierungen wird das FM in Umzugspläne eingebunden sein. Schließlich solltest Du das FM bei der Umbau- und Sanierungsplanung hinzuziehen, so wie es bei der Planungsphase der Fall ist.

Es kann immer vorkommen, dass Gebäude und Liegenschaften **einen Leerstand** haben. Bei vermieteten Immobilien ist das sehr häufig der Fall. Aber auch innerhalb Deines Unternehmens kann es vorkommen, dass durch Rationalisierung und Automatisierung ganze Gebäudeteile nicht mehr benötigt werden. Während dann die Geschäftsleitung darüber nachdenkt, was damit zu machen ist, muss das FM sich darum kümmern, dass die Facilities betriebsbereit bleiben und unterhalten werden. In dieser Phase wird das FM strategische Anpassungen vornehmen müssen, zum Beispiel wie weit operative Maßnahmen zurückgefahren werden können. So wird ein leeres Gebäude weniger Strom verbrauchen, in manchen Bereichen kann auf eine Reinigung verzichtet werden, Klimaanlagen und Heizungen können heruntergefahren werden.

In der Verwertungsphase wird das Facility-Management das Gebäude einem neuen Besitzer übergeben oder in der Abrissplanung unterstützen. In beiden Fällen ist die Expertise des FM gefragt. So kann das Facility-Management bei der Beurteilung des IST-Zustandes helfen, wenn es darum geht, ob Teile der Ausstattung wiederverwendet oder veräußert werden können. Mit der Veräußerung oder dem Abriss eines Gebäudes und der Aufhebung des FM-Vertrages ist der Lebenszyklus aus Sicht des FM-Vertrages beendet.

4.9 Lebenszyklus-Kosten

Ein immer größer werdender Teil des Facility-Managements bezieht sich auf die Kostenüberwachung. Im Lebenszyklus gibt es zunächst zwei Hauptgruppen bei den Kosten, und zwar die Erstkosten und die Baufolgekosten. Zu den Erstkosten zählen die Aufwendungen für Planung und Erstellung eines Gebäudes. Zu den Baufolgekosten gehören Nutzungskosten, Modernisierungskosten und Abbruch- sowie Entsorgungskosten.

Die Nutzungskosten können wiederum in Kapitalkosten, Verwaltungskosten, Betriebskosten und Instandsetzungskosten unterteilt werden. Hierbei ist zu beachten, dass Instandsetzungskosten lediglich kleinere Reparaturen beinhalten und keine umfassende Modernisierung oder Gebäuderenovierung.

Die Struktur der Kosten im Lebenszyklus ist ebenfalls in einer Richtlinie der GEFMA festgelegt worden. Sie ist heute Standard in der deutschen FM Praxis geworden, hat aber keine rechtliche Bindung und ist international nur wenig verbreitet. Dennoch hast Du mit dem Kostenplan der GEFMA eine gute Grundlage, die Aufgaben des FM im Lebenszyklus eines Gebäudes Kostenstellen zuzurechnen.

Die Leistung des FM wird im Kostenplan als Kostengruppe 0.000 geführt. Zu ihr gehören alle personellen und administrativen Kosten des Facility-Managements, wie Gehalt, Büro, Auslagen und ähnliche Aufwendungen.

Die Kostengruppen 1-5 orientieren sich am Lebenszyklusmodell und sind entsprechend:

Kostengruppe	Bezeichnung
1.000	Konzeption
2.000	Planung
3.000	Errichtung
4.000	Vermarktung
5.000	Beschaffung

Abbildung 3: Kostengruppe 1.000, 2.000, 3.000, 4.000 und 5.000 nach GEFMA 200[29]

---

[29] Eigene Darstellung nach GEFMA 200 Anhang

Der wichtigste Teil der Kostenstruktur im Facility-Management sind die operativen Kosten während der Nutzung eines Gebäudes. Diese werden nach der Richtlinie 220 der GEFMA wie folgt unterteilt:[30]

Kostengruppe	Bezeichnung
6.100	Objektmanagement
6.200	Bereitstellung von Arbeits-/Produktionsstätten
6.210	Flächenmanagement in LzPh. 6
6.220	Umzugsdienstleistungen
6.230	Ergänzung von Ausstattungen und Einrichtungen
6.300	Objektbetrieb/Betriebsführung
6.310	Bedienung
6.320	Wiederkehrende Prüfungen
6.330	Inspektion & Wartung
6.340	Instandsetzung & Erneuerung
6.400	Ver- und Entsorgung
6.410	Versorgung
6.4.20	Energiemanagement
6.430	Entsorgung
6.440	Entsorgungsmanagement

---

[30] Pelzeter, A.; Sigg, R. (2011): Ermittlung von Lebenszykluskosten. In: Zehrer, H.; Sasse, E. (Hrsg.). In: Handbuch Facility Management, 30. überarbeitete Aufl. München: ecomed Sicherheit-Verlag (=Loseblattwerk), S. 1-64

6.500	Reinigung & Pflege
6.510	Unterhaltungsreinigung
6.520	Glas & Fassadenreinigung
6.530	Sonderreinigung
6.540	Industriereinigung
6.550	Schädlingsbekämpfung
6.560	Wäschereidienste
6.570	Reinigung & Pflege der Außenanlagen (Sommer- & Winterdienste)
6.580	Pflanzenpflege (außen & innen)
6.600	Schutz- & Sicherheitsdienste
6.700	Objektverwaltung & Controlling
6.710	Hausverwaltung
6.720	Mietverwaltung
6.730	Verwaltung Sachvermögen/Anlagenbuchhaltung
6.740	FM-Rechnungswesen & FM-Controlling
6.760	Vertrags- und Versicherungsmanagement
6.770	Geltendmachen von Mängelansprüchen
6.780	Verwaltung FM-Personal
6.790	Sonstige Verwaltung

6.800		Supportleistungen
	6.810	Büroservices
	6.820	Postdienste, Warenannahme und - ausgabe
	6.830	Bibliotheksdienste
	6.840	Veranstaltungsdienste
	6.850	Verpflegung/Catering
	6.860	Handwerksdienste
	6.870	Beförderungs- und Transportdienste
	6.880	Beschaffungen
	6.890	Sonstiger Support, z. B. EDV-Support
6.900		Projekte in LzPh. 6

Abbildung 4: Unterteilung der Kostengruppe 6.000 nach GE-FMA 220[31]

Die drei letzten Kostengruppen sind entsprechend:

Kostengruppe	Bezeichnung
7.000	Umbau und Sanierungsphase
8.000	Leerstandsphase
9.000	Verwertungsphase

Abbildung 5: Kostengruppe 7.000, 8.000 und 9.000[32]

---

[31] Eigene Darstellung nach GEFMA 200 Anhang

[32] Eigene Darstellung nach GEFMA 200 Anhang

Facility-Management und Arbeitsplatzkosten

In modernen Unternehmen, die nicht im produzierenden Gewerbe tätig sind, entfallen oft die Kosten für Anlagen und Maschinen. So sieht das zumindest auf den ersten Blick aus. Heute haben in der Dienstleistungsgesellschaft weitgehend Computer die Maschinen der Dienstleistungsgesellschaft ersetzt. Und hier spielt das Facility-Management eine große Rolle, wenn es um die Kosten eines Arbeitsplatzes aus Sicht des FM geht. Diese setzen sich hauptsächlich zusammen aus:

- Grund und Boden (gemietet oder gekauft)

- Gebäudeinstandhaltung

- Beschaffungskosten für Möbel und Computertechnik

- Infrastruktur und Gebäudetechnik (inklusive IT)

- Energiekosten

- Reinigungskosten

- Sicherheitsdienst

- Interne Verwaltungskosten

- Kommunikationskosten (Telefon, Mobil, Internet)

- Büromaterial

- Umzugskosten

- Anteilige Kosten an Verwaltung und Organisation (Buchhaltung, Personal, Marketing etc.)

Ja nachdem, wie diese Bereiche berechnet werden, können pro Arbeitsplatz Kosten in Höhe von 20.000 Euro entstehen, in manchen Firmen sogar mehr. Das klingt für den einzelnen Platz vielleicht nicht viel, summiert sich aber schnell zu einem großen Brocken in der Bilanz.

In vielen Unternehmen wird FM noch als eine technische Dienstleistung verstanden, und so wird bei Einsparungen zunächst in die Bereiche Energie, Reinigung oder Sicherheitsdienst geschaut. Energiekosten können heute selbst mit geringen Investitionen gesenkt werden. So sinkt der Stromverbrauch durch die Umstellung auf LED-Lampen erheblich, außerdem kann die Beleuchtung noch über Software optimiert werden. Bei der Reinigung kann die Frequenz verringert werden, oder die Mitarbeiter werden aufgefordert, ihre Schreibtische selbst sauber zu machen. Und bei Sicherheitsdiensten wird gerne auf elektronische Lösungen geschaut.

Diese Sicht bezieht sich aber nur auf kurzfristige Einsparungen und nicht im Rahmen eines weitsichtigen und strategischen Ansatzes. Ein gutes Beispiel sind Reinigungskosten: Hier lohnt es sich, genauer hinzuschauen, was überhaupt gereinigt wird. Oder noch besser: Hier sollte bereits bei der Gebäudeplanung überlegt werden, welche Reinigungskosten entstehen. Ein gutes Beispiel sind hohe Fensterfronten, die nur mit einem Kran erreichbar sind, aber direkt an die Wetterseite gebaut wurden. Oder Schreibtische, die nicht direkt auf dem Boden stehen oder rollbar sind, und unter denen sich Schmutz ansammelt. In der strategischen Planung würde das FM sich jeden Bereich anschauen und versuchen, zu berechnen, wie lange eine Reinigung dauert und wie diese Zeit verbessert werden kann.

Hinzu kommt, dass Energie und Reinigungskosten nur einen geringen Anteil an den Gesamtkosten für einen Arbeitsplatz haben. Hier zu sparen ist zwar sehr einfach, hat aber auch etwas vom Gießkannenprinzip, wenn die Maßnahmen nicht detailliert und spezifiziert sind.

Beispiel: Einrichtungs- und Ausstattungskosten bei Umstrukturierungen

Firmen, die in eine Krise geraten, neigen gerne dazu, Strukturen zu verändern, und nicht selten betrifft das auch die Gestaltung der Arbeitsplätze. Manche Unternehmen machen aus kleinen Einheiten ein Großraumbüro, andere gehen den umgekehrten Weg, und mit dem Aufkommen von Home-Office und mehr Arbeit im Team verändern sich auch die Möblierung und das Layout selbst. Gerne wird dabei davon ausgegangen, dass ja lediglich Möbel verschoben werden und ein paar Stellwände auf- und abgebaut werden. Tatsächlich haben aber solche Veränderungen weitgehende Effekte. Ein Schreibtisch, der mehr oder weniger genutzt wird, hat eine entsprechend längere und kürzere Ausschreibungsphase. Das gilt auch für Besprechungsräume: Mehr Teambesprechungen bedeuten höhere Heizkosten, Stromkosten und eventuell auch höhere Abnutzung. Eine Umstellung auf zeitweises Home-Office hingegen kann die Abnutzung verringern und somit Kosten sparen (zumindest in der Bilanz, was die Abschreibung angeht).

Value Process Management

Im Handbuch für Facility-Manager versuchte der Deutsche Verband für Facility-Management den Begriff Value Process Management einzuführen. Das FM versteht bei diesem Modell das Unternehmen, in dem es angesiedelt ist, als Kunden. Es geht letztlich darum, dem Kunden einen Wert zu schaffen.

„Value Prozessmanagement setzt an der Wertkette des Kunden und seines Leistungsprozesses an. Ausgehend von den Wertschöpfungsprozessen werden neue Dienstleistungen entwickelt."[33] Das sind zum einen der Value, was der Wert schaffenden Dienstleistung für das Kerngeschäft entspricht. Der Prozess ist der Ansatzpunkt in der Wertschöpfungskette für den Kunden. Das Management ist die Verbindung verschiedener Dienstleistungen zu einem ganzheitlichen FM Konzept im Sinne des Kerngeschäfts.[34]

---

[33] GEFMA (2004): FM- Handbuch – Grundlagen und Leitbegriffe, Management einer professionellen Organisation, Bonn, S. 13

[34] a. a. O.

Im Handbuch des Facility-Verbandes heißt es weiter: „Da die Wertschöpfungskette jedes Kunden-Unternehmens anders aussieht, ist das Ergebnis des Value Prozessmanagements immer kundenindividuell. Gezielt werden solche Wertaktivitäten unterstützt, die für den Kunden von besonderer Bedeutung sind. Es geht um die Identifikation zusätzlicher und neuer Dienstleistungen, die bei einem Kunden noch nicht zum Einsatz kommen oder um die Umgestaltung bestehender Leistungen, die damit einen höheren Wert erzielen können."[35]

---

[35] a. a. O.

4.10 Trends und Herausforderungen im FM

Facility-Management ist bereits in einem großen Umbruch, und dieser wird noch weiter anhalten. Der Einsatz von Technik wird das Arbeitsfeld immer mehr verändern. Schon jetzt haben Facility-Manager leitende und koordinierende Aufgaben, die immer weniger mit dem operativen FM verbunden sind. Die operativen Aufgaben werden zunehmend ausgelagert oder in Zukunft von Maschinen übernommen. Schon jetzt gibt es zum Beispiel Saug- und Putzroboter, die ein Gebäude reinigen können. Das Internet of Things (IoT) wird viele neue Geräte und Sensoren hervorbringen, die das Gebäudemanagement noch weiter digitalisieren. Hier werden viele technische Fähigkeiten gefragt sein. Ein FM, der früher noch das Wissen eines Elektrikers haben musste, wird bald grundlegende Kenntnisse im Programmieren benötigen – oder zumindest Code verstehen müssen.

Ein weiterer Bereich im Facility-Management sind die Themen Nachhaltigkeit und Klimaschutz. Sie gehen einher mit Energiesparen und Ressourcenschonung. Schon jetzt spielt die Überwachung von Heizungsanlagen und deren Emissionen eine bedeutende Rolle im Gebäudemanagement. Bei der Nachrüstung mit neuen Fenstern, Dämmschutz oder Dächern wird das Facility-Management mit eingebunden werden. Immerhin entfallen 40 % des Energieverbrauches in Deutschland auf den Gebäudebestand.[36] Eine Studie von Roland Berger in Zusammenarbeit mit dem GEFMA hat aufgezeigt, wie wichtig diese Bereiche in der Zukunft werden. „Die Studie zeigt, dass erneuerbare Energien, Energieeffizienz und verändertes Nutzerverhalten die wichtigsten Hebel auf dem Weg zu mehr Nachhaltigkeit im FM bilden. Neue Leistungsangebote werden den Markt in den Bereichen Beratung und Analyse, Planung und Betrieb verändern. Das Thema Daten, IoT, digitale Plattformen und Software-Anwendungen wird die Anforderungen und auch die Services neu definieren."[37]

Eine der Empfehlungen der Studie ist, dass Nachhaltigkeit eines der Top-Ziele von Unternehmen werden muss und das Facility-Management aufgerufen ist, Strategien für die Umsetzung dieser Ziele zu entwickeln.

IoT und digitale Sicherheit

Die Zukunftsvision eines Facility-Managers sieht so aus: Die FM Leitung arbeitet fast ausschließlich von einem

---

[36] Bauverlag BV GmbH (2020): Nachhaltigkeit als integraler Bestandteil der Unternehmensstrategie – Neue Studie von Roland Berger und GEFMA. URL: https://www.facility-management.de/artikel/fm_Nachhaltigkeit_als_integraler_Bestandteil_der_Unternehmensstrategie_3593759.html [Stand: 12-12-2020]

[37] Semmler, T. (2020): GEFMA 982 – Neue Studie zu Nachhaltigkeit im FM. URL: https://www.cafm-news.de/gefma-studie-nachhaltigkeit-fm-982/ [Stand: 16-12-2020]

Computer aus, der alle wichtigen Verantwortungsbereiche analysiert und grafisch aufbereitet. Die Mitarbeiter im FM besitzen Datenbrillen, die ihnen über Augmented Reality die Verläufe von Kabelschächten und Wasserleitungen anzeigen oder einen Schaltplan für einen Verteilerkasten einblenden. Das Gebäude ist ein Smart-Building geworden, unzählige Sensoren messen und überprüfen die Funktionen. Die Heizung regelt sich nicht nur nach den Außentemperaturen und der Innentemperatur, sondern ist zum Beispiel mit dem Firmenkalender vernetzt und wärmt Meetingräume vor der Besprechung an. Materialbestellungen werden über das Warensystem bestellt, das den Bestand dadurch verwalten kann, dass bei jeder Entnahme ein Barcode gescannt wird.

Der Zugang zum Gebäude und den Räumlichkeiten wird über NFC-Chips und Gesichtserkennung geregelt. Die Reinigung wird zum großen Teil von Robotern durchgeführt. Außerdem werden neue Oberflächen für Tische und andere Gegenstände entwickelt, die Fett- und Schmutz abweisen und sich selbst reinigen können.

Viele dieser Bestandteile des Zukunftsszenarios sind heute schon Realität. In der Wartung sind Datenbrillen im Einsatz, zum Beispiel in der Qualitätssicherung. So kann eine Maschine einen QR-Code haben, der über die Brille gescannt wird, die daraufhin die wichtigsten Informationen über die Wartung und Reparatur einblendet. In nicht zu ferner Zukunft kann künstliche Intelligenz dann die

Bildinformationen verarbeiten und Vorschläge machen, wie ein Problem gelöst werden kann.[38]

Das Internet of Things wird die Gebäudeverwaltung wahrscheinlich am nachhaltigsten verändern. Die damit verbundenen Sensoren, die alle möglichen Elemente in einem Gebäude miteinander vernetzen, stellen neue Herausforderungen an den FM dar. Hier wird sich zeigen müssen, ob die Wartung und Verwaltung eine Aufgabe der IT-Abteilung ist oder unter das FM fällt. Derzeit deutet alles darauf hin, dass FM diesen Bereich übernehmen wird. Damit werden vom FM weitaus mehr technische Kenntnisse verlangt als bislang erforderlich. Selbst die Leistung des FM wird zumindest ein grundlegendes Verständnis von vernetzten Systemen, Digitalisierung und Programmierung haben müssen. Computerfachleute werden bald fester Bestandteil des FM-Teams werden.

Home-Office und New Work

Die Arbeitswelt verändert sich und damit auch die Gestaltung von Arbeitsplätzen. Die Covid-19-Pandemie hat FM-Systeme auf eine harte Probe gestellt. Innerhalb weniger Tage mussten Home-Office Plätze geschaffen werden, die komplette Personenführung in einem Gebäude wurde umgestellt. Neue Sicherheitsmaßnahmen wurden

---

[38] Fraunhofer-Institut für Fertigungstechnik und Angewandte Materialforschung (2020): Datenbrillen in der Qualitätssicherung. URL: https://qualitaetssicherung.ifam.fraunhofer.de/de/blog/datenbrillen_qualitaetssicherung.html [Stand: 05-01-2020]

notwendig. Viele Experten gehen davon aus, dass Home-Office ein Teil der New Work werden wird, der neuen Arbeitsweise. Das wird logistische Veränderungen für das Facility-Management mit sich bringen. Nicht jeder Mitarbeiter wird zu Hause an seinem eigenen Schreibtisch auf seinem persönlichen Laptop arbeiten. Eventuell müssen deshalb Büromöbel umziehen. Da zu einer bestimmten Zeit in einem Gebäude dann weniger Personen arbeiten, hat das Auswirkungen auf die Bewirtschaftung. Selbst die Flächenplanung ist betroffen. Wenn die Hälfte der Angestellten im Home-Office arbeitet, wirst Du viel Leerstand haben. Hinzu kommt, dass die Arbeitsplatz- und Arbeitszeitmodelle sehr flexibel werden. Manche Mitarbeiter werden drei Tage zu Hause und zwei Tage im Büro sein, andere zwei Wochen Home-Office und eine Woche Büro auswählen.

Krankenhaus während Pandemie umstrukturiert

Pavillon A ist das neueste Gebäude im Albert B. Chandler-Krankenhauses der Universität von Kentucky in Lexington. Es war auch eines der ersten Krankenhäuser in Kentucky, die während der Corona-Pandemie Patienten aufnehmen mussten. Um die Ausbreitung von COVID-19 innerhalb des Gebäudes so weit wie möglich einzudämmen, brauchte man in dem Neubau kontrollierte Bereiche, die von einem effektiven und anpassungsfähigen Luftstrommanagementsystem überwacht wurden.[39]

Das Facility-Management-Team wurde mit der Aufgabe betraut, Patientenzimmer auf zwei Etagen in luftgetragene Infektionsisolationsräume (AIIR) mit Unterdruckdifferenz umzuwandeln. Die FM Manager mussten zunächst einen Anbieter finden, der in der Lage war, die notwendigen Arbeiten optimal und in kürzester Zeit auszuführen. Hier zeigte sich, dass eine klare Vergabepraxis und ein entsprechender Prozess sich in Krisenzeiten besonders rechnen können. Man verpflichtete die Firma Affiliated Engineers, Inc. (AEI). Zu den ersten Schritten für die COVID-Modifikation gehörte die Änderung der Luftbilanz und die Umstellung auf Unterdruck. Damit jeder Isolationsraum einen Unterdruck hat, muss die Luftbilanz für jeden Raum einzeln geändert werden, damit der Ausstoß der Luft größer als die Zufuhr ist. Das angegebene Luftstrommanagementsystem musste nicht nur den Unterdruck überwachen und aufrechterhalten, sondern die Lösung musste auch einfach zu bedienen sein. Die neuen Isolationsräume wurden abgedichtet und bekamen Ventile, die eine Genauigkeit von plus oder minus fünf Prozent garantieren. Diese wurden mit Sensoren ausgestattet,

---

[39] FM Communications (2021): Phoenix Controls Monitors Isolation Rooms at University Hospital. URL: http://facilitymanagement.com/case_study/phoenix-controls-university-hospital/ [Stand: 06-01-2021]

die in der FM-Schaltzentrale jederzeit überwacht werden konnten.[40]

Hochwertige Messer zu Hause anfertigen

Das Schweizer Unternehmen Victorinox, das für seine roten Messer bekannt ist, geht sogar noch einen Schritt weiter. Ist es einer Mitarbeiterin oder einem Mitarbeiter aus gesundheitlichen oder familiären Gründen nicht möglich, zur Firma zu kommen, kann sie oder er auch von zu Hause aus arbeiten. Da wird auch schon mal ein Produktionstisch inklusive Montagemaschine und den zugehörigen Boxen mit Materialien im Wohnzimmer aufgestellt. Einmal am Tag kommt ein Fahrer und holt die fertig montierten Teile ab und bringt Nachschub. Im Schweizer Unternehmen hat das die Mitarbeiterzufriedenheit wesentlich erhöht. Das FM wird sich auf solche neuen Formen der Produktion einstellen müssen und neue logistische Lösungen bereithalten.[41]

---

[40] a. a. O.

[41] Schweizer Radio und Fernsehen (2007): Das Glück der Arbeit – Warum man bei Victorinox so gerne angestellt ist. Reportage über Victorinox. URL: https://www.srf.ch/play/tv/reporter/video/das-glueck-der-arbeit-warum-man-bei-victorinox-so-gerne-angestellt-ist?urn=urn:srf:video:6c4a63ce-7a76-4ecb-8c60-696b68e1aad6 [Stand: 25-10-2020]

Hygiene- und Kontaktmanagement während Corona

Die Covid-19-Pandemie hat das Facility-Management vor neue Aufgaben gestellt. Denn von heute auf morgen mussten viele Prozesse verändert werden und es brauchte neue, kreative Lösungen. So reichten zum Beispiel die normalen Zugangskarten für das Gebäude nicht mehr aus und es musste sehr schnell eine QR-Code-basierte, kontaktlose Lösungen programmiert werden. Viele Firmen installierten interne Tracing-Apps, die von der IT in Zusammenarbeit mit dem FM eingeführt wurden. Beim Hygienekonzept reichten keine Waschbecken in den Toiletten mehr aus. Die Facilitymanager mussten entscheiden, an welchen Stellen sie welche Art von Handwaschmitteln und Infektionsmittelspendern aufstellten. Die Corona-Pandemie war ein gutes Beispiel dafür, wie wichtig ein professionelles und strategisch denkendes Facility-Management ist.

So hatte Apleona recht schnell eine Lösung am Start, die Kunden recht einfach implementieren konnten. Mit einer eigens entwickelten digitalen Lösung konnte die Firma das Risiko einer COVID-19-Ansteckung für Büronutzer reduzieren, wenn diese aus dem Homeoffice wieder zurück zu ihrem regulären Arbeitsplatz zurückkehrten. Die Nutzer scannen einen QR-Code und melden sich dadurch in einem Gebäude oder einer Gebäudeeinheit an und ab. So ist es möglich, Kontaktketten schnell nachzuvollziehen. Bei einem Infektionsrisiko werden schnellstmöglich gefährdete Personen informiert. Die Scan-Daten zeigen außerdem an, welche Räume besonders häufig frequentiert werden. Das wird an die Reinigungskräfte weitergegeben, die dann häufiger Räume und Kontaktflächen putzen. Mit diesen Maßnahmen kann das Infektionsrisiko deutlich reduziert werden.[42]

---

[42] im immobilienanzeiger (2020): Corona-App für Büronutzer. URL: https://www.immobilienmanager.de/corona-app-fuer-bueronutzer/150/77092/ [Stand: 28-10-2020]

4.11 Wichtige Verbände und Organisationen

In Deutschland gibt es zwei wichtige Verbände für den Bereich des Facility-Managements. Als Mitglied bekommst Du viele Informationen, kannst an Weiterbildungsmaßnahmen teilnehmen und Dich mit anderen Personen vernetzen.

GEFMA

Der Deutsche Verband für Facility-Management ist der größte Zusammenschluss in der Branche. Die Abkürzung steht für German Facility-Management Association, heute wird aber nur die Abkürzung und die deutsche Übersetzung verwendet. Zu den Aufgaben des Verbandes gehören:

- Markt entwickeln (Berufsbild bewerben, Tagungen und Messen organisieren, Initiative „Die Möglichmacher")

- Standards setzen (Mitarbeit an DIN-Prozessen, Richtlinien und Leitfäden und Zertifizierungen von FM-Studiengängen)

- Publikationen und Seminare, Fortbildung, Benchmarks und Forschung

- Mitgliederevents, Junior-Lounges, Zusammenarbeit mit Verbänden

Die Richtlinien der GEFMA werden in der deutschen Facility-Branche beachtet und angewandt. Zu diesen Vorgaben gehören Regeln zum Energiemanagement GEFMA 124-5, Nachhaltigkeit GEFMA 160-1 oder Musterverträge im Facilitymanagement (GEFMA 500). Mitglieder der GEFMA sind in der Regel Unternehmen und Betriebe, die Facility-Management als Dienstleistung anbieten, oder Immobilienfirmen, die eigene Liegenschaften verwalten. Auch Behörden und Institutionen sind Mitglieder bei der GEFMA. Die Mitgliedschaft bringt viele Vorteile mit sich. Einer der größten ist der Zugriff auf die Datenbanken mit Informationen und Richtlinien. Ein anderer Vorteil sind die zahlreichen Weiterbildungsseminare. Wenn Deine Firma in Deutschland im FM tätig ist, führt eigentlich kein Weg an einer Mitgliedschaft vorbei.

RealFM

Der Berufsverband für Real Estate und Facilitymanager hat einen starken Fokus auf das Gebäudemanagement im Immobilienbereich. Entsprechend sind hier die Mitglieder auch Firmen aus der Immobilienbranche, nur 25 Prozent sind Dienstleister und Serviceanbieter. Die Ziele des RealFM sind:

„…das Thema FM als eine vielschichtige Funktion zu begreifen, die sämtliche Aufgaben und Kompetenzen des CREM/FM berührt,

…diesen Funktionsansatz auf Ihre unternehmerische Verantwortung zu übertragen und damit sowohl Potenziale wie Handlungsoptionen abzuleiten,

…Analysen und Argumentationsketten zu erstellen, die Sie als Grundlage jeder Entwicklung und Veränderung in Ihrer unternehmerischen Verantwortung benötigen.“[43]

Der 2006 gegründete Verband ging aus der deutschen Niederlassung der IFMA hervor, eine internationale FM-Organisation mit Sitz in den USA. Wie bei vielen Verbänden ist die Weiterbildung eine der wesentlichen Aufgaben des RealFM. Darüber hinaus wird Lobby- und Öffentlichkeitsarbeit geleistet. Es gibt Positionspapiere zu FM-Themen und Förderprogramme für junge Facility-Manager.

---

[43] RealFM: CREM- und FM-Verständnis. URL: https://www.realfm.de/netzwerk-know-how/ [Stand: 25-11-2020]

5. Ausbildung für Facility-Manager

Wenn Du interessiert bist am Berufsbild des Facility-Managers, gibt es unterschiedliche Wege, Dich ausbilden zu lassen. Zunächst einmal ist Facility-Manager kein offizieller Ausbildungsberuf und es gibt auch keinen eigenen Studiengang. Das liegt daran, dass die Facetten des Berufsbildes so weit sind, dass Schwerpunkte gesetzt werden.

5.1 Kaufmännische Ausbildung

Bei Gegenbauer zum Beispiel kannst Du ein dreijähriges duales Studium im technischen Facility-Management machen. Darin wirst Du sowohl an der Hochschule für Wirtschaft und Recht studieren als auch im Unternehmen Praxiserfahrung sammeln. Zu den Studieninhalten gehören:[44]

- Vollwertiger Studiengang Gebäude-Management mit theoretischen und praktischen Elementen

---

[44] Talent.com (2021): Stellenausschreibung der Fa. Gegenbau für duale Studierende im Bereich Facility Management. URL: https://de.talent.com/view?id=9d776daa4c7b [Stand: 11-01-2021]

- Betrieb, Instandhaltung und Optimierung von Gebäuden und Anlagen

- Nachhaltigkeit und Energiekosten

- Nachhaltiges Gebäude-Management unter Produktivitäts- und Ressourcenaspekten

- ständiger Bezug zur Praxis durch die Anwesenheit im Unternehmen

Auch das Unternehmen RGM Facility-Management GmbH oder die BNP Paribas Real Estate Holding GmbH bieten solche Studiengänge mit Praxisbezug an.

Eine Alternative ist eine Ausbildung als Immobilienkauffrau/-kaufmann, und dann eine entsprechende Weiterbildung in der Gebäudebewirtschaftung. Das ist dann sinnvoll, wenn Du Dich auf die betriebswirtschaftlichen Aspekte im Facility-Management konzentrieren möchtest. In die gleiche Richtung geht auch das Studium der Immobilienwirtschaft, dass Du mit einem Bachelor of Arts abschließen kannst. Dabei wirst Du tiefer in die Gebäudewirtschaft einsteigen und auch das strategische Facility-Management lernen. Der Studiengang Immobilienwirtschaft ist dual aufgebaut und dauert zwischen sechs und acht Semester. Als Immobilienwirt kannst Du direkt mit Kunden als Immobilienmakler arbeiten oder Du bist in der Projektentwicklung tätig. Hier ist die Schnittstelle zum Facility-Management, denn Du betreust Baupläne und verwaltest Gebäude.

5.2 Technisch-kaufmännische Ausbildung

Wenn Du eher technisch interessiert bist, wirst Du im Facility-Management ebenfalls viele Betätigungsfelder finden. So bietet die Hochschule für Technik und Wirtschaft (HTW) in Berlin eine Ausbildung zum Facility-Manager an, die einen sehr hohen technischen Anteil hat. Facility-Manager können nach Abschluss des Studiums alle Aufgaben im Gebäudemanagement bewerkstelligen. Dazu zählen der technische Bereich, die Infrastruktur, Planungsaufgaben, kaufmännische Aspekte und die Organisationsplanung. Die Hochschule arbeitet mit der Beuth Hochschule für Technik Berlin zusammen. Dadurch lernen die Studenten sowohl die Sicht der Betriebswirtschaft als auch des Ingenieurwesens. Mit dem Abschluss des Bachelors im Facility-Management kannst Du strategische und planerische Tätigkeiten übernehmen. Zu diesen gehören Energiemanagement in Gebäudekomplexen, von normalen Firmenzentralen bis hin zu komplexen Systemen wie Flughäfen und Krankenhäuser. Durch das duale Ausbildungssystem kannst Du als Facility-Manager, der an der HTW studiert hat, beratend für Unternehmen tätig werden. Du bist in der Lage, einzuschätzen, ob sich eine Energieoptimierung lohnt und wie nachhaltiger gearbeitet werden kann. Mit diesem ganzheitlichen Ansatz werden technische Kenntnisse, Betriebswirtschaft und nachhaltiges Wirtschaften auf optimale Weise verbunden.[45]

5.3 Quereinsteiger

Da Facility-Management keine direkte Arbeitsplatzbeschreibung hat, ist es ideal für Quereinsteiger, die bereits bestimmte Qualifikationen haben. Neben den Immobilienkaufleuten können sich zum Beispiel Anlagenbauer und Ingenieure im Facility-Management weiterbilden und ihre technischen Kenntnisse einbringen. Auch klassische Betriebswirte finden im Facility-Management einen Platz, gerade wenn es um die Leitung eines Dienstleistungsunternehmens geht. Wenn Du gerne organisierst und planst, kannst Du sogar aus branchenfremden Bereichen ins Facility-Management einsteigen. Zunehmend finden sich Architekten und Bauingenieure im Facility-Management, weil sie dort neben den planerischen Tätigkeiten eine sehr praxisbezogene Tätigkeit finden. Als Quereinsteiger solltest Du aber zumindest etwas Berufspraxis oder Wissen in einem Bereich des Facility-Managements mitbringen.

---

[45] Hochschule für Technik und Wirtschaft Berlin: Was ist Facility Management – Die Ausbildung zu technisch kompetenten Managerinnen - für moderne smarte Gebäude. URL: https://fm-bachelor.htw-berlin.de/studium/was-ist-facility-management/ [Stand: 13-11-2020]

6. Zusammenfassung

Das Facility-Management hat in den vergangenen vier Jahrzehnten große Veränderungen gesehen. Es hat sich von der Gebäudeverwaltung und Instandhaltung zu einem eigenen Servicebereich und Dienstleister im Unternehmen, und manchmal als eigenständige Firma entwickelt. Der Beruf der Facility-Managerin / des Facility-Managers ist heute eine hoch spezialisierte Aufgabe, die unterschiedliche Kenntnisse braucht. Deshalb finden sich in dieser Branche auch Ingenieure, Betriebswirtschaftler, Softwarespezialisten und Sicherheitsexperten. Die Berufsfelder im Facility-Management bieten eine breite Palette an Möglichkeiten.

Das Facility-Management ist nicht umsonst ein großer Wirtschaftsfaktor geworden. Es hat sich als die zweite Säule neben dem Kerngeschäft in Unternehmen entwickelt. Oder in anderen Worten: Kein Unternehmen kommt heute ohne ein Facility-Management mehr aus. Neu ist die strategische Einbindung in die Unternehmensentscheidungen. In mittleren und großen Unternehmen ist das Facility-Management eine eigene Einheit und berichtet direkt an den Vorstand. Weitreichende Entscheidungen werden in Absprache mit den FM-Experten besprochen, selbst wenn es sich um Unternehmensziele handelt. Ein gutes Beispiel dafür sind die Klimaziele vieler Firmen, die nur mit einem modernen und innovativen Facility-Management umgesetzt werden können.

Während die strategischen Aufgaben beim FM meistens im Unternehmen bleiben, werden viele kaufmännische und infrastrukturelle Bereiche sowie das operative FM gerne ausgelagert. Der Bereich des Facility-Managements hat sich als interessante Einnahmequelle für Immobilienfirmen und Bauträger gezeigt. Selbst Architekturbüros haben erkannt, dass Facility-Management nicht nur die Planung und Verwaltung von Gebäuden betrifft, sondern ein dynamischer Prozess ist.

Vom Internet of Things über Energiesparmaßnahmen bis hin zur Veränderung von Arbeitsplätzen und Pandemiebekämpfung sind die Kompetenzen der Facility-Manager immer größer und breiter geworden. Dienstleister müssen in der Lage sein, die komplexen Anforderungen des Gebäudemanagements zu verstehen und sich flexibel genug zeigen, um sich ständig wechselnden Bedingungen anzupassen. Die Corona-Zeit hat gezeigt, wie wichtig Facility-Manager sind, wenn Gebäude in einem Lockdown plötzlich nicht mehr genutzt werden können – aber dennoch betriebsbereit gehalten werden.

Hat früher der Hausmeister nach Arbeitsschluss die Lichter ausgemacht, wird heute ein Gebäude weitgehend elektronisch gesteuert. Statt Schraubenzieher und Werkzeugkasten hat der moderne Facility-Manager eine Datenbrille und ein Tablet, um Probleme auf den Grund zu gehen. Durch veränderte Arbeitsplatzgestaltung, Rationalisierung und mehr Einsatz von IoT werden Facility-Manager sich immer mehr mit Steuerungsaufgaben beschäftigen müssen. Facility-Management ist eine der Kernaufgaben in einem Unternehmen: Es sorgt für den reibungslosen Betrieb, schützt die Firma und wirkt aktiv an der strategischen Entwicklung mit. Damit ist es eine der Zukunftsbranchen, die sich durch die digitale Revolution weiterentwickeln und anpassen, keineswegs aber obsolet werden.

Facility-Management hat als Unternehmenseinheit und als Dienstleistung eine große Zukunft vor sich, gerade weil die Aussichten auf technologische Veränderungen so gut sind. Wie sehr Menschen immer noch gebraucht werden, kann man an einem der größten Logistiker der Welt sehen, der Firma Amazon. Deren Lagerhäuser sind schon jetzt mit modernsten Robotern ausgerüstet. Und dennoch sehen die Manager von Amazon ein vollautomatisiertes Lager noch in weiter Ferne.[46] Selbst dann wird es einen Facility-Manager geben, der das Gebäude, in dem die Maschinen stehen, betreiben muss. Die Wahrscheinlichkeit, den FM durch einen Computer mit künstlicher Intelligenz zu ersetzen, ist eher gering.

---

[46] Statt, N. (2019): Amazon says fully automated shipping warehouse are at least a decade away. URL: https://www.theverge.com/2019/5/1/18526092/amazon-warehouse-robotics-automation-ai-10-years-away [Stand: 27-10-2020]

Rechtliches und Impressum

Das Werk einschließlich aller Inhalte ist urheberrechtlich geschützt. Der Nachdruck oder Reproduktion, gesamt oder auszugsweise, sowie die Einspeicherung, Verarbeitung, Vervielfältigung und Verbreitung mit Hilfe elektronischer Systeme, gesamt oder auszugsweise, ist ohne schriftliche Genehmigung des Autors untersagt. Alle Übersetzungsrechte vorbehalten.

Die Inhalte dieses Buches wurden anhand von anerkannten Quellen recherchiert und mit hoher Sorgfalt geprüft. Der Autor übernimmt dennoch keinerlei Gewähr für die Aktualität, Richtigkeit und Vollständigkeit der bereitgestellten Informationen.

Haftungsansprüche gegen den Autor, welche sich auf Schäden gesundheitlicher, materieller oder ideeller Art beziehen, die durch Nutzung oder Nichtnutzung der dargebotenen Informationen bzw. durch die Nutzung fehlerhafter und unvollständiger Informationen verursacht wurden, sind grundsätzlich ausgeschlossen, sofern seitens des Autors kein nachweislich vorsätzliches oder grob fahrlässiges Verschulden vorliegt. Dieses Buch ist kein Ersatz für medizinische oder professionelle Beratung und Betreuung.

ISBN: 978-3-98935-503-3

Lucid Page Media (ein Imprint der Orbita Media GmbH)

Ericusspitze 4

20457 Hamburg

Deutschland

kontakt@lucidpagemedia.de

Umschlaggestaltung: chaela (www.chaela.de)

Formatierung: Florian Greigartner

Quellenverzeichnis

Bauverlag BV GmbH (2020): Friedrich Friedrich – Klimaneutrale In-house Services für Merck. URL: https://www.facility-manage-ment.de/news/friedrich-friedrich-klimaneutrale-inhouse-sercives-fuer-merck_3591450.html [Stand: 12-12-2020]

Bauverlag BV GmbH (2020): Nachhaltigkeit als integraler Bestand-teil der Unternehmensstrategie – Neue Studie von Roland Berger und GEFMA. URL: https://www.facility-management.de/artikel/fm_Na-chhaltigkeit_als_integraler_Bestandteil_der_Unternehmensstrate-gie_3593759.html [Stand: 12-12-2020]

Berliner Morgenpost (2014): BER kostet pro Monat 17 Millionen Euro an Betriebskosten. URL: https://www.morgenpost.de/printar-chiv/brandenburg/article124363656/BER-kostet-pro-Monat-17-Mil-lionen-Euro-an-Betriebskosten.html

Borrmann, N. (2010): Die Einbindung eines planungs- und baube-gleitenden Facility-Managements in den Integralen Planungsprozess als wesentliche Voraussetzung für eine ganzheitliche und nachhaltig-keitsorientierte Gebäudeplanung

Beuth (2019): DIN EN ISO 41011 – 2019-04

Deutsches Institut für Normung (2000): DIN 32726 | 2000-08 – Ge-bäudemanagement – Begriffe und Leistungen (3.2)

Die Möglichmacher: FM zahlt sich aus – heute und morgen. URL: https://fm-die-moeglichmacher.de/facilitymanagement/ [Stand: 18-12-2020]

Die Möglichmacher (2019): PwC-Studie „Diversity & Inclusion" in der deutschen Immobilienbranche, URL: https://fm-die-moeglichma-cher.de/artikel/news/pwc-studie-diversity-inclusion-in-der-deutschen-immobilienbranche/ [Stand: 13-12-2020]

Die Presse (2014): AKH – „Problematische" Verflechtungen - Ein Prüfbericht stellt der Zusammenarbeit zwischen AKH und Vamed ein vernichtendes Zeugnis aus. URL: https://www.di-epresse.com/3809041/akh-bdquoproblematischeldquo-verflechtungen [Stand: 20-11-2020]

FM Communications (2021): Phoenix Controls Monitors Isolation Rooms at University Hospital. URL: http://facilitymanage-ment.com/case_study/phoenix-controls-university-hospital/ [Stand: 06-01-2021]

Fraunhofer-Institut für Fertigungstechnik und Angewandte Material-forschung (2020): Datenbrillen in der Qualitätssicherung. URL: https://qualitaetssicherung.ifam.fraunhofer.de/de/blog/datenbril-len_qualitaetssicherung.html [Stand: 05-01-2020]

GEFMA (1996): Definition – Richtlinie 100

GEFMA: Der Verband stellt sich vor. Präsentation über den Deut-schen Verband für Facility Manager e. V. zu finden auf GEFMA: GEFMA – Gewachsene Verlässlichkeit mit Zukunftsstrategie. URL: https://www.gefma.de/der-verband/ [Stand: 03-01-2021]

GEFMA (2004): FM- Handbuch – Grundlagen und Leitbegriffe, Ma-nagement einer professionellen Organisation, Bonn, S. 13

Gegenbauer Holding SE & Co. KG: Ein vielfältiges Team. URL: https://www.karriere-gegenbauer.de/einfuehrung-ein-vielfaeltiges-team/ [Stand: 17-12-2020]

Goldstein, J. D.; Köllgen, R. (1998): Die Entwicklung des Facility-Management-Marktes. In Lochmann, HD.; Köllgein, R. (eds): Faci-lity Management, Gabler Verlag

Hochschule für Technik und Wirtschaft Berlin: Was ist Facility Management – Die Ausbildung zu technisch kompetenten Manager-innen - für moderne smarte Gebäude. URL: https://fm-bachelor.htw-berlin.de/studium/was-ist-facility-management/ [Stand: 13-11-2020]

IFMA (2021): What is Facility Management.URL: https://www.ifma.org/about/what-is-facility-management [Stand: 05-01-2020]

im immobilienanzeiger (2020): Corona-App für Büronutzer. URL: https://www.immobilienmanager.de/corona-app-fuer-bueronutzer/150/77092/ [Stand: 28-10-2020]

Kincaid, D. (1994): Integrated Facility-Management. In: Facilities, Vol. 12 (8), S. 20-23

Krutzler, D. (2015): Millionenfiasko beim Wiener Krankenanstalten-verbund. URL: https://www.derstand-ard.at/story/2000010557722/millionenfiasko-beim-krankenanstalten-verbund [Stand: 08-12-2020]

Lünendonk (2018): Lünendonk®-Studie 2018 Auftraggeber-Perspek-tive – Facility-Management in Deutschland - Eine Analyse des Faci-lity-Management-Marktes aus Nutzersicht

Lynch, S. (2017): Why Working from Home Is a "Future-Looking Technology" – A Stanford GSB expert shows how companies and employees benefit from workplace flexibility. URL: https://www.gsb.stanford.edu/insights/why-working-home-future-looking-technology [Stand: 15-12-2020]

McCloud: McCloud Services Solves Birds Nesting in a Retail Store Garden Center. URL: http://facilitymanage-ment.com/case_study/mccloud-services-birds-nesting/ [Stand: 07-11-2020]

Munteanu, A.; Mehedintu (2016): The Importance of Facility Management in the Life Cycle of Costing Calculation. In: Review of General Management, Vol. 23 (1), S. 65-77

Patanapiradej, W. (2006): The Scope of Facility Management. In: Nakhara – Journal of Enviromental Design and Plannung, Vol. 1, S. 75-90

Pelzeter, A.; Sigg, R. (2011): Ermittlung von Lebenszykluskosten. In: Zehrer, H.; Sasse, E. (Hrsg.). In: Handbuch Facility Management, 30. überarbeitete Aufl. München: ecomed Sicherheit-Verlag (=Loseblattwerk), S. 1-64

RealFM: CREM- und FM-Verständnis. URL: https://www.realfm.de/netzwerk-know-how/ [Stand: 25-11-2020]

Roper, K.; Payant, R. (2014): The Nature of Facility Management. In: The Facility Management Handbook, 4. Aufl., New York; Atlanta; Brussels; Chicago; Mexico City; San Francisco; Shanghai; Tokyo; Toronto; Washington, D.C.: AMACOM Division of American Management Association International, S. 3-28

Schweizer Radio und Fernsehen (2007): Das Glück der Arbeit – Warum man bei Victorinox so gerne angestellt ist. Reportage über Victorinox. URL: https://www.srf.ch/play/tv/reporter/video/das-glueck-der-arbeit-warum-man-bei-victorinox-so-gerne-angestellt-ist?urn=urn:srf:video:6c4a63ce-7a76-4ecb-8c60-696b68e1aad6 [Stand: 25-10-2020]

Semmler, T. (2020): GEFMA 982 – Neue Studie zu Nachhaltigkeit im FM. URL: https://www.cafm-news.de/gefma-studie-nachhaltigkeit-fm-982/ [Stand: 16-12-2020]

Statt, N. (2019): Amazon says fully automated shipping warehouse are at least a decade away. URL: https://www.theverge.com/2019/5/1/18526092/amazon-warehouse-robotics-automation-ai-10-years-away [Stand: 27-10-2020]

Smith, J. (2012): How to use a paper towel. Vortrag bei der TEDxConcordiaUPortland. URL: https://www.ted.com/talks/joe_smith_how_to_use_a_paper_towel?language=de [Stand: 10-01-2021]

Talent.com (2021): Stellenausschreibung der Fa. Gegenbau für duale Studierende im Bereich Facility Management. URL: https://de.talent.com/view?id=9d776daa4c7b [Stand: 11-01-2021]

Teichmann,S, A. (2009) Integriertes Facilities Management in Europa – Theoretische Konzeption, empirische Untersuchung und Marktanalyse zur Gestaltung und Steuerung von Wertschöpfungspartnerschaften im internationalen Kontext. Schulte, K-W; Bone-Winkel, S. (Hrsg.), Schriften zur Immobilienökonomie, Bd. 55, Köln: Immobilienmanager-Verlag